Sie nicht wieder zurück, jede
Stunde bin ich bereit Sie
zu sehen, gewiß wenn wir
wieder beisammen sind, wird
es besser werden. An
meiner treuen Liebe dürfen
Sie nie, nie zweifeln –
ich habe in diesen Tagen
unsäglich gelitten u. werde
Ihnen nie mehr Kummer machen
die heiligste Erinnerung, wenn
es nur nicht [illegible]
lich nun ich Ihnen nicht
alles sagen – ich habe

Heinz Gebhard

König Ludwig II. und seine verbrannte Braut

Zur Vermählung Jhrer Majestäten

KÖNIGS LUDWIG II. UND KÖNIGIN SOPHIE VON BAYERN.

Dem bayerischen Volke gewidmet

Heinz Gebhardt

König Ludwig II. und seine verbrannte Braut

Unveröffentlichte Liebesbriefe Prinzessin Sophie's an Edgar Hanfstaengl

WLV

W. Ludwig Verlag

Für K. W.

ISBN 3-7787-2079-1

Satz und Druck: Ilmgaudruckerei Pfaffenhofen
Printed in Germany

Umschlaggestaltung: Adolf Bachmann

Inhalt

Kaiserin Elisabeth von Österreich (1837–1898) im Brautkleid, Lithographie von Franz Hanfstaengl.

Elisabeths Traum

König Ludwig II. von Bayern erschien nach seinem Tod 1886 im Starnberger See mehrmals der Kaiserin Elisabeth von Österreich im Traum. Aber auch „leibhaftig“ besuchte er sie mitten in der Nacht, wie Elisabeths Tochter Valerie und ihre Nichte Marie Larisch überlieferten. Bei einer dieser „Erscheinungen“ kündigte sich der Bayernkönig mit „Wassergurgeln“ an, als die Kaiserin ruhig im Bette lag: „Allmählich erfüllte dieses sanfte Sickern das ganze Zimmer und ich durchlebte alle Nöthe des Ertrinkens. Ich röchelte und erstickte und rang nach Luft, dann schwand das Grauen, mit letzter Kraft setzte ich mich im Bett auf und atmete wieder frei. Der Mond war aufgegangen und sein Schein erleuchtete das Zimmer in Tageshelle. Da sah ich, wie die Tür sich langsam öffnete, und Ludwig kam herein. Seine Kleider waren schwer von Wasser, das an ihm herabtriefte und kleine Lachen auf dem Parkett bildete. Sein feuchtes Haar klebte um sein weißes Gesicht, doch es war Ludwig, wie er im Leben ausgesehen hatte.“ Ludwig sagte zu Elisabeth, daß er eine Frau sehe, von Feuer umgeben, in dem diese grausam verbrenne: „Ich weiß“, sagte er, „daß es eine Frau ist, die mich geliebt hat, und bis ihr Geschick sich erfüllt, werde ich nicht frei sein – doch nachher wirst du uns begegnen, und wir drei werden glücklich sein und im Paradies.“ Dann verschwand Ludwig II. wieder, tropfnaß, wie er gekommen war.

Was Kaiserin Elisabeth damals nicht wissen konnte: Diese Frau, von der Ludwig sprach, gab es wirklich: Es war ihre Schwester Sophie Charlotte, die 259 Tage lang mit dem bayerischen König verlobt war, und die später eines grausamen Flammentodes sterben sollte.

Schwager Max

„Dieser Herr Schwager!“ soll König Ludwig I. einmal kopfschüttelnd ausgerufen haben, als er um 1840 im Privatzirkus von Herzog Max in Bayern den Hausherrn höchstpersönlich als griechischen Wagenlenker „Endymion“ auf einem Festgespann entdeckt hatte. Auf dem prächtigen Gefährt war ein künstlicher Fichtenwald aufgebaut, darunter lagerte „Diana mit Jagdgefolge“, dargestellt von einer lockigen Schönheit und einer Schar „Jungfrauen“, die plötzlich mit tiefsten Männerstimmen „Ein Jäger aus Kurpfalz“ zu singen begannen. Und dieser Herr Schwager saß vorne auf dem Wagen und blies dazu ein Jagdhorn!

Herzog Max in Bayern war der populärste Wittelsbacher seiner Zeit. Er scherte sich einen Teufel um Konventionen und Etikette, hatte neben seinen acht ehelichen mindestens noch zwei uneheliche, bürgerliche Kinder, komponierte, dichtete, musizierte, schrieb Theaterstücke und stand als „König Artus“ einer Tafelrunde von 14 bürgerlichen „Rittern“ aus dem Münchner Künstler- und Geistesleben vor, die er regelmäßig in seinem Palais in der Ludwigstraße bewirtete.

Leo von Klenze hatte das Gebäude entworfen, das als Mittelpunkt und Attraktion ein „café chantant“ besaß, einen nach Pariser Vorbild gebauten Tanz- und Ballsaal mit einem 44 Meter langen, äußerst freizügig ausgeführten „Bacchusfries“. Ludwig von Schwanthaler, Ernst Mayer, Wilhelm von Kaulbach und Robert Langer waren die Schöpfer der Gemälde, Statuetten und Reliefs. Die Kuriosität des Hauses war der im Hof des Palais befindliche Zirkus, ein Spektakel ersten Ranges für die große Münchner Gesellschaft. Der Hausherr war dabei

Herzog Max in Bayern (1808–1888) mit seinem Lieblingsinstrument, der Zither. Sie erklang nicht nur über dem Tegernsee, sondern auch auf der Spitze der Cheopspyramide.

selbst der beliebteste Artist: Herzog Max präsentierte auf dem Rücken seiner Pferde stehend „höhere Reitkunst“, führte von Pantomimen und Clowns umgeben „Reiterdivertissements“ mit Parforcestücken vor und ließ von Schauspielern und Zirkusvolk lärmende Kriegsszenen mit entsprechenden Knalleffekten aufführen, wie zum Beispiel „Die Einnahme von Szigeth“ oder „Der Fall von Missolunghi“.

Herzog Max war ein gebildeter Mann – seine Bibliothek umfaßte rund 27000 Bände – er hatte Physik, deutsches Bundesrecht, vaterländische Geschichte und Kirchengeschichte an der Universität in München zusammen mit gleichaltrigen bürgerlichen Kommilitonen studiert – eine ungewöhnliche Ausbildung für einen Adeligen zu Beginn des 19. Jahrhunderts in Bayern!

Herzog Max war aber auch ein weitgereister Mann: Gleich nach der Grundsteinlegung seines Palastes verabschiedete er sich im Mai 1828 für eine längere Reise nach Frankreich, England und Belgien. Seine längste Fahrt aber unternahm er zehn Jahre später gleich nach der Geburt seiner zweiten Tochter Elisabeth, die einmal Kaiserin von Österreich werden sollte. Über Griechenland gelangte er damals nach Ägypten, wo er auf der Cheopspyramide sitzend zusammen mit seinem Hof-Zitherspieler Johann Petzmayer bayerische Schnaderhüpfl sang. In Kairo kaufte er sich auf dem Sklavenmarkt vier junge Neger und brachte sie nach München mit, wo sie in der Frauenkirche von Erzbischof Lothar von Gebsattel römisch-katholisch getauft wurden. Auf dem Rückweg geriet die herzogliche Orientexpedition in pestverseuchte Gebiete. Ausgerechnet sein Leibarzt infizierte sich und fiel der Seuche zum Opfer. In Jerusalem wurde Herzog Max zum Ritter vom Heiligen

Die Ludwigstraße mit dem Palais des Herzogs Max, das links mit dem Haupteingang zu sehen ist.

Grab geschlagen und traf nach achtmonatiger Fahrt im September 1839 wieder wohlbehalten in München ein. Im Jahr darauf erschien sein Erlebnisbericht von dieser Reise: „Wanderungen nach dem Orient, 1838 unternommen und skizziert von dem Herzog Maximilian in Bayern."

Offenbar gab es bei diesen orientalischen Wanderungen aber auch Erlebnisse, die nicht so ganz druckreif waren, auf deren Erwähnung er aber doch nicht ganz verzichten wollte. Herzog Max ließ daher an den entsprechenden Stellen einfach einige Zeilen leer und erklärte seinen Lesern treuherzig, daß hier die Zensur zugeschlagen hätte. Daß dieser Herr Schwager nachträglich seine „Censurlücken" im feuchtfröhlichen Freundeskreis mit plastischen Schilderungen gefüllt haben dürfte, darüber besteht kein Zweifel.

Außer diesem Buch erschienen noch zahlreiche andere Werke des lebenslustigen Herzogs, allerdings nicht mehr unter seinem vollen Namen. 1840 wurden sechs

Novellen unter dem Pseudonym „Phantasus“ gedruckt, hinter denen ebenso wie hinter einem sogenannten „Historicus“ oder „P.B-s“ (= „Philippus Bavaricus“) kein anderer als Herzog Max in Bayern steckte.

Eine besondere Ader hatte Herzog Max, selbst ein begeisterter Zitherspieler, für die Volksmusik. Unter dem Kürzel „H.M.“ erschien sein Band „Oberbayerische Volkslieder mit ihren Singweisen“, bei dem ihm sein „lieber Franzl“, wie er den Mundartdichter und Universitätsprofessor Franz von Kobell nannte, beratend beigestanden haben dürfte.

Franz von Kobell gehörte zum engsten Kreis um Herzog Max und war natürlich ein Mitglied seiner Artus-Ritterrunde, die seit 1853 in der Regel an einem Samstagabend tagte. „Die Gäste wurden mit dem Wagen Schlag sieben Uhr abgeholt und auf die gleiche Weise wieder heimbefördert. Zuerst führte der Herzog seine Gäste ‚auf Reisen‘, indem er sie prächtig beleuchtete Stereoscopbilder und Photographien ferner Länder schauen ließ. Nach dem Mahl entspann sich eine lebhafte Unterhaltung bei Bier und Zigarren, wobei die neuesten illustrierten Zeitschriften, Bücher und Musikalien von Hand zu Hand wanderten. Ernste Gespräche wechselten mit heiteren Scherzreden, Deklamationen mit Klavier- und Gesangs- oder Zithervorträgen. Zuweilen spielte der Herzog selbst mit Petzmayer Zitherduette oder sang Schnaderhüpfl. Zuletzt wurde Champagner gereicht. Unter den Gästen befanden sich auch einige Mitglieder der Gesellschaft „Alt-England“, welcher der Herzog seit 1845 beigetreten war.

Die Gesellschaft „Alt England“ wurde 1819 in München gegründet und führte ihren Namen nach dem Vereinslokal, dem „Englischen Kaffeehaus“, wobei alt-

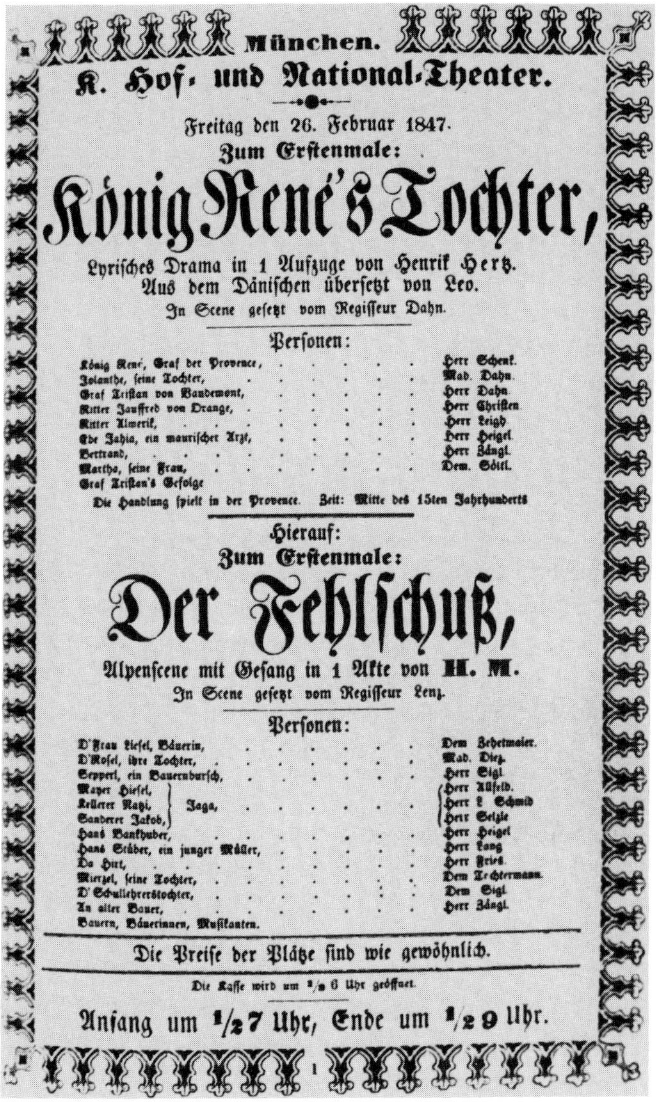
München.

K. Hof- und National-Theater.

Freitag den 26. Februar 1847.

Zum Erstenmale:

König René's Tochter,

Lyrisches Drama in 1 Aufzuge von Henrik Hertz.
Aus dem Dänischen übersetzt von Leo.
In Scene gesetzt vom Regisseur Dahn.

Personen:

König René, Graf der Provence,	Herr Schenk.
Jolanthe, seine Tochter,	Mad. Dahn.
Graf Tristan von Vaudemont,	Herr Dahn.
Ritter Jauffred von Orange,	Herr Christen.
Ritter Almerik,	Herr Leigh.
Ebe Jahia, ein maurischer Arzt,	Herr Heigel.
Bertrand,	Herr Zängl.
Martha, seine Frau,	Dem. Söltl.
Graf Tristan's Gefolge	

Die Handlung spielt in der Provence. Zeit: Mitte des 15ten Jahrhunderts

Hierauf:

Zum Erstenmale:

Der Fehlschuß,

Alpenscene mit Gesang in 1 Akte von **H. M.**
In Scene gesetzt vom Regisseur Lenz.

Personen:

D'Frau Liesel, Bäuerin,	Dem. Zehetmaier.
D'Rosel, ihre Tochter,	Mad. Diez.
Sepperl, ein Bauernbursch,	Herr Sigl.
Mayer Hiesel, } Jaga,	Herr Aßfeld.
Kellerer Nazi, } Jaga,	Herr L. Schmid
Sanderer Jakob, } Jaga,	Herr Selzle
Hans Bankhuber,	Herr Heigel
Hans Stuber, ein junger Müller,	Herr Lang
Da Hirt,	Herr Fries.
Mierzel, seine Tochter,	Dem Techtermann.
D'Schullehrerstochter,	Dem Sigl
An alter Bauer,	Herr Zängl.
Bauern, Bäuerinnen, Musikanten.	

Die Preise der Plätze sind wie gewöhnlich.

Die Kasse wird um ½ 6 Uhr geöffnet.

Anfang um ½ 7 Uhr, Ende um ½ 9 Uhr.

„Der Fehlschuß" von „H. M." – Kein anderer als Herzog Max war der Verfasser dieser „Alpenszene mit Gesang", die am 26. Februar 1847 im Nationaltheater uraufgeführt wurde.

englische aristokratische Lebensformen zum halb komischen, halb ernsthaften Rahmen der geselligen Zusammenkünfte gehörten. Dem Zutritt waren jedoch standesmäßige Hürden gesetzt: arrivierte Künstler und prominente Gelehrte, Reichsräte, Minister und Adel bildeten die Mehrheit der Vereinigung. Höhepunkt eines jeden Vereinsjahres war das „Stiftungsfest", für das Herzog Max selbst einmal die Verantwortung übernahm und seine „Alt-England"-Freunde in sein Palais einlud. Das war am Faschingssamstag, dem 27. Februar 1853. Die Speisekarte von damals kann sich auch heute noch sehen lassen: Getrunken wurde Chablis, Madeira, Bordeaux, Rüdesheimer, Port- und Teneriffa-Wein und natürlich jede Menge Champagner. Es gab frische Austern, danach eine „Faschingssuppe" („Potage à la Carnaval"), Kalbszunge, Rheinlachs nach Genfer Art, Ochsenrippe vom Grill mit Frühlingsgemüse, getrüffelten Kalbskopf und gebratenen Fasan auf Kresse. Eine Entenleberterrine und eine Creme von ägyptischen Maroni rundeten das Souper ab. Als Dessert empfahl der herzogliche Küchenchef verschiedene Creationen aus Gefrorenem: „Ariadne auf der Löwin", „Rosenstock im Gebüsch" sowie einen „Hirschkopf auf Frühlingsart". Der Hausherr selbst schuf ein 99zeiliges Begrüßungsgedicht, das mit der Aufforderung endete, endlich kräftig zuzulangen:

„Jetzt Hand ans Glas und lustig zum Finale
Ruf ich euch zu mit schäumendem Pokale:
Die Leber ist von einem Hecht,
Und nicht von einer Gemse,
Drum lebt jetzt hoch und zecht nicht schlecht,
Ihr Männer von der Themse!"

Die Lebensfreude des zitherspielenden, singenden, zechenden Herzogs gefiel den Münchnern ebenso wie seine offen zur Schau getragenen demokratischen Ansichten, die er zuweilen auch in anonymen Zeitungsartikeln äußerte. In den kritischen Tagen des Revolutionsjahres 1848 flüchtete sich sogar die königliche Familie von der Residenz ins gegenüber gelegene herzogliche Palais, da man sich im Schutze des populären und von der Bevölkerung geliebten Schwagers vor Übergriffen sicherer glaubte.

So groß und breitgefächert seine Interessen auch waren, eines interessierte Herzog Max ganz und gar nicht: Sein Familienleben oder gar die Erziehung seiner Kinder: 1831 wurde Ludwig geboren, 1834 Helene, 1837 Elisabeth, 1839 Carl Theodor, 1841 Maria, 1843 Mathilde, 1847 Sophie Charlotte und 1849 Maximilian. Die Erziehung dieser Kinder war Angelegenheit seiner Frau Ludovica, die diese Aufgabe auch persönlich wahrnahm und sie nicht Erziehern übertrug – ein nicht gerade üblicher Zustand in damaligen aristokratischen Kreisen.

Über diese Zustände mokierte man sich später besonders am Hof von Wien, als die Verheiratung von Elisabeth mit dem österreichischen Thronfolger Franz im Gange war. Herzog Max ließe seine Kinder „verwildern“ hieß es da, sie könnten zwar reiten wie Zirkusartisten, seien aber zu keinem vernünftigen französischen Satz in der Lage und schon gar nicht zu einer „Konversation“ fähig – „small talk“ war ihnen also nicht geläufig. Wen wundert es da noch, daß „die Existenz des Herzogs in der Anfangsphase des Heiratsplanes so gut wie verleugnet wurde. Er hätte zu leicht mit seinen grotesken Einfällen, seiner antihöfischen Einstellung die Familie der Braut kompromittieren und das ganze Projekt zu Fall bringen können."

Ludovica war die jüngste Schwester von König Ludwig I. von Bayern, Tochter des ersten bayerischen Königs Max I. Joseph. Ihr großer Jugendschwarm war Prinz Miguel von Braganza, der spätere König von Portugal. Politische Gründe standen einer Verbindung der beiden jedoch im Wege. Ihr Vater wünschte sich dafür, daß seine „junonisch schöne" Tochter Ludovica Wilhelmina ihren herzoglichen Vetter Maximilian heirate. Beide verspürten jedoch überhaupt keine Zuneigung füreinander und äußerten dies auch ganz frei und offen. Auch hatte Max damals gerade eine unglückliche Liebe zu durchstehen, noch dazu mit einer „Bürgerlichen". Gegen den Familienbeschluß kamen aber beide nicht an, es mußte geheiratet werden. Die Trauung fand am 9. September 1828 in Schloß Tegernsee statt, dem Sommersitz von König Max I. Marie Freiin von Wallersee berichtete darüber 1913:

„Tegernsee, das früher ein Kloster war, ist ein seltsamer alter Bau mit vielen Gängen, aus denen kleine Türen in die zahlreichen Ofenräume führen, die das Schloß heizen. Hier in Tegernsee gab es nicht die Zeremonie der Entkleidung der Braut, die die Ehe der Königin von Neapel eingeleitet hatte. Meine Großeltern gingen ohne jede Begleitung den Korridor hinab, der zu ihrem Brautgemach führte. Da wurde die Abneigung meiner Großmutter gegen ihren Mann plötzlich so heftig, daß sie empfand, sie könne und wolle die Nacht nicht bei ihm bleiben. Ein glücklicher Gedanke kam ihr, als sie bei einer der offenen Türen vorüberschritten. Die Braut äußerte eine starke Neugierde nach den Geheimnissen hinter dieser Tür. Zuvorkommend ging der Bräutigam auf Erkundung. Kaum war er aber über der Schwelle, da verschloß meine Großmutter die Türe, steckte den Schlüssel in die Tasche und lief davon. Am nächsten Morgen meldete ein verstörter Diener, in dem langen Gang tobe ein höllischer Lärm . . .“

Später erzählte Ludovica ihren Kindern, daß sie den Jahrestag ihrer Hochzeit von morgens bis abends in Tränen verbracht hätte. Und nach dem Tode des Herzogs vertraute sie ihnen an, daß Max erst von der goldenen Hochzeit an gut zu ihr gewesen sei – fünfzig lange, bittere Jahre waren da vergangen.

Die herzogliche Linie in Bayern hatte keine offizielle Funktion, so daß Ludovica auch keinerlei Repräsentationspflichten zu erledigen hatte. Sie hielt sich daher die meiste Zeit des Jahres mit ihren Kindern und einer kleinen Gruppe von Bediensteten im Landsitz Possenhofen am Starnberger See auf, den Max aus den Erlösen französischer Besitzungen gekauft hatte. Inmitten einer traumhaft schönen Landschaft, umgeben von Pferden und allerlei Haustieren, zwanglos und unkompliziert wuchsen hier die acht Kinder in der Obhut ihrer Mutter Ludovica heran, während Max vom Münchner Palais aus seinen diversen Liebschaften nachging. Wenn auch auf die meisten seiner offiziellen Kinder bald traurige und tragische Lebensabschnitte warteten, hier in Possenhofen dürfte ihnen zumindest eine glückliche Jugend beschert gewesen sein.

Diese glückseligen Zeiten änderten sich jedoch schlagartig, wenn die heiratsfähigen Jahre angebrochen waren. Nach Zu- oder Abneigung wurde nicht gefragt. Die Kinder wurden zu Objekten und Opfern der Politik und hatten den Partner zu nehmen, der von der Dynastie ausgesucht wurde. Ludovica und Max hatten schließlich

Herzogin Ludovica in Bayern (1808–1892).

Herzog Max in Bayern (1808–1888).

auch am eigenen Leibe die Folgen dieser Heiratspolitik gespürt und ertrugen sie, so gut es eben ging. Als Ludovica später einmal gefragt wurde, ob sie bei der Verheiratung von Elisabeth mit Franz ihre Tochter eigentlich gar nicht nach ihren Gefühlen gefragt hätte, sagte sie: „Dem Kaiser von Österreich gibt man keinen Korb!"

Um bei den zum Heiratsgeschäft ausersehenen Mädchen möglichst keine Gefühle zu wecken, war im bayerischen Königshaus sogar das Lesen von Liebesgeschichten streng verboten. Selbst deutsche Klassiker fielen unter diese strenge Liebeslektüre-Zensur . . .

Fünf Töchter hatte Ludovica zu verheiraten. Unterstellt man ihr, daß sie ihren Töchtern wirklich nur das Beste und eine glückliche Zukunft wünschte, so wurden die Partner dennoch ausschließlich nach Rang und Namen, Besitz und politischer Funktion ausgewählt.

Die 1843 geborene Helene war ursprünglich für den Kaiser von Österreich vorgesehen. Bei dem ersten organisierten Zusammentreffen zeigte dieser jedoch mehr Interesse für die rein zufällig anwesende, drei Jahre jüngere Schwester Elisabeth. Helene setzte später die Heirat mit Maximilian von Thurn und Taxis durch, der nur mit großem Widerwillen als Notlösung akzeptiert wurde, da er im Gegensatz zu anderen Aspiranten schwach begütert und Thurn und Taxis rangmäßig nicht gerade ganz oben angesiedelt war. Aber ausgerechnet diese Ehe verlief harmonisch und ohne große Turbulenzen.

Elisabeths Schicksal wurde das österreichische Kaiserhaus, dessen Prunk und höfischen Zwängen sie ein Leben lang erfolglos zu entfliehen suchte. „Ach wäre er doch nur ein Schneider!" sagte sie einmal über ihren

Herzogin Helene in Bayern (1834–1890).

kaiserlichen Gatten. Sie umschwärmte ihn anfangs zwar sehr, aber im Zwang seiner Regierungsgeschäfte entfremdeten sich die beiden von Jahr zu Jahr mehr. Elisabeth flüchtete sich zuletzt in lange Reisen, in Hungerkuren, sie flüchtete vor der Öffentlichkeit, litt – wie ihre anderen Schwestern auch – unter starken Depressionen, und spielte einige Zeit lang sogar mit Auswanderungsgedanken.

Ein trauriges Eheschicksal war auch das der nächstjüngeren, 1841 geborenen Schwester Maria: Sie wurde als 15jähriges Mädchen mit Kronprinz Franz von Neapel-Sizilien verlobt, ohne daß sich beide vorher jemals zu Gesicht bekommen hätten. Nach der Verlobung „per procuram" wurden zwar Bilder ausgetauscht, in leiblicher Gestalt erblickte sie ihren auserwählten Gemahl jedoch zum ersten Mal unmittelbar vor der Hochzeit in Italien. „Während das Bild, das man ihr geschickt hatte, einen sehr hübschen Mann zeigte", schrieb Gräfin Wallersee, „war das einzig Hervorragende an dem König seine Häßlichkeit". König Franz war geistig nicht ganz auf der Höhe, körperlich gebrechlich und impotent. Marie „bezwang philosophisch und mutig den Schmerz; doch das peinliche Ereignis, das während der Hochzeitsnacht eintrat, flößte ihr einen unüberwindlichen Ekel vor ihrem Mann ein. Die junge Braut wurde mit allerhand Zeremonien von ihren Hofdamen zu Bette gebracht, und nachdem sich König Franz eingefunden hatte, wurden die Schlafzimmertüren verschlossen. Die Schlüssel blieben in Gewahrsam hoher Beamter. Unglücklicherweise hatte der König beim Staatsbankett zu übermäßig gegessen, und war infolgedessen während der ganzen Nacht sehr unwohl. Da das Zimmer keine Klingel hatte, kann man sich den unangenehmen

Zustand ungefähr vorstellen, der sich den Beamten bot, als sie die Türe am nächsten Morgen aufschlossen. Tante war sehr unglücklich, denn König Franz war eine widerliche Kreatur, der mit seiner Frau nicht einen Gedanken gemein hatte; sein Tod muß eine wahre Erlösung für sie gewesen sein."

1860 besetzten Garibaldis Truppen Sizilien, und Marie zog sich mit ihrem schwächlichen Ehemann auf die Festung Gaeta zurück. Obwohl sie diese Festung mit bewundernswerter Tapferkeit verteidigte – ihr Beiname „Heldin von Gaeta" kam nicht von ungefähr – fiel sie der italienischen Einheitsbewegung 1861 in die Hände. Wenige Monate später suchte sie – wer kann's ihr verdenken – Trost in einer Liebschaft mit einem belgischen Grafen, einem Offizier der päpstlichen Garde in Rom. Die Folgen stellten sich neun Monate später ein: Im November 1862 wurde sie im St.-Ursula-Kloster in Augsburg unter totaler Geheimhaltung von einem Mädchen entbunden, das sie sehr schnell an den leiblichen Vater abgeben mußte. Während die nahe Verwandtschaft wegen dieser Affäre in helle Aufregung geraten war, blieb einzig Vater Max gelassen: „Na ja, solche Sachen passieren nun einmal, wozu also das Gegacker!" Nach einer Operation des Königs – seine Impotenz soll auf eine Phimose zurückgegangen sein – und einem Geständnis Maries über ihren Seitensprung soll sich das Eheleben der beiden doch noch einigermaßen eingerenkt haben . . .

Auch die Ehe der vierten Schwester Mathilde mit dem italienischen Grafen Luigi Trani war schweren Stürmen ausgesetzt. Zur gleichen Zeit, als sich Marie in ihren belgischen Grafen verliebte, fand Mathilde an einem spanischen Adeligen großen Gefallen. Auch Mathilde

König Franz II. von Neapel-Sizilien, 1857 von Franz Hanfstaengl photographiert.

Marie, Königin von Neapel-Sizilien, geborene Herzogin in Bayern (1841–1925).

versank mit zunehmendem Alter ebenso wie ihre Schwestern in schwere Melancholie.

Und dann war da noch das Nesthäkchen Sophie Charlotte. An Schönheit ihren älteren Schwestern in keiner Weise nachstehend, hatte man als ersten Anwärter Herzog Philipp von Württemberg unter die Lupe genommen. Doch weder in finanzieller noch politischer Hinsicht entsprach er den hohen Anforderungen des Hauses. Dann nahm man den König von Portugal in die engere Wahl, aber auch er fiel durch. Schwester Elisabeth, Kaiserin von Österreich, versuchte zu vermitteln, denn in ihrer unmittelbaren Umgebung war noch ein hochkarätiger lediger Schwager, Erzherzog Ludwig Viktor, der Bruder des Kaisers von Österreich. In Possenhofen wurde ein zwangloses Kennenlernen arrangiert, aber ohne den gewünschten Erfolg: „Der Kaiser glaubte von Anfang an nicht, daß sie ihn nimmt", schrieb Elisabeth daraufhin ihrer Mutter Ludovica. „Wenn sie nur einen Mann fände, der sie liebt und recht glücklich macht" – ein sicher ehrlich gemeinter schwesterlicher Wunsch. Voraussetzung zu seiner Erfüllung aber wäre ein freier Entscheidungsprozeß gewesen.

Theoretisch wurde eine andere Möglichkeit bestimmt schon öfters ins Auge gefaßt, im Sommer 1866 nahm sie jedoch überraschend konkrete Umrisse an. Hatte man wegen der nahen Blutsverwandtschaft die Partie von vorneherein vielleicht auch nie ernsthaft in Erwägung gezogen, so hatte sich die Situation inzwischen doch entscheidend geändert: Sophies Vetter, König Ludwig II. von Bayern, machte seiner Cousine – zumindest in den Augen der herzoglichen Familie – allen Ernstes den Hof, schickte Briefchen und gigantische Blumengebinde, kam per Kahn über den Starnberger See und galoppierte vom nahen Schloß Berg nach Possenhofen, um mit schüchternen Besuchen seiner Cousine die Aufwartung zu machen. Sophie Charlotte war sehr musikalisch, sie hatte eine passable Stimme und spielte vorzüglich Klavier. Auf ihrem Flügel lag eine moderne Komposition – „Lohengrin“: „Elsa, soll ich dein Gatte heißen, soll Land und Leut ich schirmen dir, soll nichts mich wieder von dir reißen, mußt eines du geloben mir: Nie sollst du mich befragen, noch Wissens Sorge tragen, woher ich kam der Fahrt, noch wie mein Nam' und Art!“ Ludwig hatte seine „Elsa“ gefunden, wie er seine Cousine fortan in seinen Briefen anredete – doch er selbst war alles andere als der Wagnersche, von Sehnsucht nach irdischer Liebe erfüllte Lohengrin. Er war der irdische Ludwig, meinte aber wie Lohengrin, in Elsa ein Weib gefunden zu haben, „das an ihn glaubt, das nicht früge, wer er sei und woher er komme, sondern ihn liebte, wie er sei und weil er so sei, wie er ihr erschiene“, wie Richard Wagner seine Elsa beschrieb.

Wie Lohengrin in Elsa, so sah Ludwig in Sophie eine Frau, der „er sich nicht zu erklären, nicht zu rechtfertigen habe, sondern die ihn unbedingt liebe“. Doch Ludwig, der „jungfräuliche König“, wie er sich selbst einmal nannte, und der „gottlob“ nichts von der „Sinnlichkeit des weiblichen Geschlechtes“ wisse, wie er einmal schrieb, er wußte allzu genau, daß er sich in einem entscheidenden Punkt von Lohengrin unterschied: Lohengrin war nämlich der „Sinnlichkeit des weiblichen Geschlechts“ geradezu verfallen und gab sich ihr bei Elsa mit Freuden hin. Das konnte Ludwig nicht, das war ihm sehr wohl bewußt. Warum hätte er sonst in der Theaterbesetzung seiner Beziehung mit Sophie die Rolle des Lohengrin nicht annehmen sollen? Warum sollte gerade er den vom Gral gesandten Lohengrin ausschlagen, wo er sich doch selbst in einem hohen Sendungsbewußtsein glaubte und von Wagner „erkoren“ zu sein, sein Werk auf Erden zu verbreiten? So sehr ihn die Rolle des Lohengrin gereizt hätte, er wußte, daß er sie seiner „Elsa“ gegenüber nicht spielen konnte. Er verzichtete in Selbsterkenntnis von Anfang an darauf, schlüpfte in die unverfängliche Partie des „deutschen Königs“, und unterzeichnete seine Briefe an „Elsa“ unmißverständlich mit „Dein treuer Heinrich!“

Vetter Ludwig

König Ludwig II. von Bayern war ein Vetter von Herzogin Sophie Charlotte in Bayern: Ludwigs Großvater, König Ludwig I., war ein Bruder von Sophie Charlottes Mutter Ludovica. Vetter Ludwig wurde am 25. August 1845 in Schloß Nymphenburg geboren, seine Mutter war Königin Marie und sein Vater König Max II. von Bayern. Man munkelte damals, Ludwig wäre schon am 24. August zur Welt gekommen, weil aber sein Großvater Ludwig I. am 25. August Geburtstag hatte, hätte man seine Geburt einen Tag lang geheim gehalten.

Die ersten Jahre seiner Kindheit waren die einzig unbeschwerte Zeit seines ruhelosen Daseins, denn schon mit dem Schulalter begann für ihn der Ernst seines königlichen Lebens. Ludwig kam aus der Obhut seiner Mutter, die ihn mit Zärtlichkeit nicht gerade überhäuft hatte, in die Hände eines Erziehers, des Grafen Theodor de la Rosée. Ludwig wurde von nun an mit puritanischer Strenge für sein Leben als Auserwählter gedrillt, er erhielt privaten Einzelunterricht und bekam gleichaltrige Kinder kaum zu Gesicht. Zu den obersten Prinzipien dieser Erziehung gehörte die Stärkung des Selbstwertgefühls und die Entwicklung eines ausgeprägten Bewußtseins für seine Vorrechte und Würde gegenüber anderen. Erfolge dieser Erziehung stellten sich schnell ein: Schon bald betrachtete er seinen eigenen Bruder Otto als Untergebenen und Vasallen, den er beim Spielen in Berchtesgaden wegen „Ungehorsams“ knebelte und gar hinrichten wollte. Eine saftige Strafe für sein Vorhaben verleidete ihm Berchtesgaden sein Leben lang. Als Spätfolge dieser Erziehung läßt sich schließlich die Begeisterung für Ludwig XIV. erklären, in die er sich so

König Max II. von Bayern (1811–1864), Photographie von Franz Hanfstaengl um 1860.

Königin Marie von Bayern (1825–1889), Photographie von Franz Hanfstaengl um 1860.

Königin Marie von Bayern mit Kronprinz Ludwig, Lithographie nach einer Zeichnung von Erich Correns.

Kronprinz Ludwig, Königin Marie, König Max II. und Prinz Otto 1861 in Berchtesgaden von Joseph Albert photographiert.

Ludwig II. mit seiner Mutter Marie und Bruder Otto im Landhaus Elbingenalp.

weit verstieg, daß er glaubte, er selbst wäre der natürliche Nachfolger dieses absolutistischen Herrschers Frankreichs.

Zur Erziehung des jungen Bayernkönigs gehörte auch eine spartanische Lebensweise: Ludwig wurde als Knabe kaum satt, und die Bediensteten von Hohenschwangau und Nymphenburg versuchten ihn, so gut es ging, heimlich durchzufüttern. Der junge Ludwig hatte auch keine Ahnung von Geld und dessen Wert, weil er ja nie welches in die Hände bekam. Als er mit der Volljährigkeit seine erste Geldbörse mit ein paar Gulden erhalten hatte, glaubte er, damit für seine Mutter einen halben Juwelierladen aufkaufen zu können.

In Abgeschiedenheit und Weltfremdheit war Ludwig herangewachsen mit viel Zeit für Träumereien und um seinen Phantasien nachzujagen. Als 15jährigen erlaubte ihm sein Vater den ersten Opernbesuch. Es war Lohengrin von Richard Wagner. Nach Gottfried von Böhm soll er dabei „Tränen des Entzückens" vergossen haben. Lohengrin wurde zu einem Schlüsselerlebnis: Seine Phantasiewelt wurde mit Lohengrin greifbar und sichtbar, wenn auch nur auf der Opernbühne. 1861 sah er Tannhäuser, er las Tristan und Isolde und den Ring des Nibelungen.

Im Vorwort zur noch unkomponierten Ausgabe des „Rings" beschreibt Wagner seine Festspielidee. „Im vollen Sommer" sollte „an einem Vorabende das Rheingold, und an den drei folgenden Abenden die Hauptstücke Walküre, Siegfried und Götterdämmerung zur Darstellung" von den besten Sängern und Musikern gebracht werden. Ort der Aufführung: Ein eigens für diesen Zweck errichtetes Gebäude mit einem unsichtbaren Orchester. Der einzige Haken: Wagner habe zwar

Kronprinz Ludwig von Joseph Albert 1863 photographiert.

Kronprinz Ludwig, Aufnahme aus dem Jahr 1863.

Kronprinz Ludwig und sein Bruder Otto, 1861 von Max Stuffler photographiert.

Erfahrung und Fähigkeit, „den artistischen Teil einer solchen Aufführung zum Gelingen zu bringen“, aber er hat kein Geld dazu. Wagners Vorschlag: Es bräuchte nur ein Fürst den Etat seines sowieso niveaulosen Opernhauses zur Verfügung stellen, und schon wären seine Festspiele finanziert. „Wird dieser Fürst sich finden?“ fragt Wagner und fügt aufmunternd hinzu: „Im Anfang war die Tat.“ In einem Nachsatz meint er aber, sich selbst bemitleidend, daß er wahrscheinlich die musikalische Aufführung seines Bühnenfestspiels doch nicht mehr erleben werde, und daß er vielleicht gar nicht mehr die Lust und Muße finde, den Ring des Nibelungen durchzukomponieren: „So übergebe ich wirklich ein bloßes dramatisches Gedicht, ein poetisches Literaturprodukt der bücherlesenden Öffentlichkeit.“

Ludwig bestieg nach dem frühen Tod seines Vaters König Max II. von Bayern am 10. März 1864 den Thron. Eine seiner ersten Amtshandlungen bestand darin, seinen Kabinettsekretär Franz von Pfistermeister den Auftrag zu erteilen, Richard Wagner aufzuspüren und herbeizuschaffen. Nach einigen Irrwegen über Wien und Zürich stöberte Pfistermeister am 2. Mai 1864 den total verschuldeten, vor seinen Gläubigern geflohenen Wagner in Stuttgart auf.

Richard Wagner, 1813 in Leipzig geboren, erlebte als 16jähriger die Sängerin Wilhelmine Schröder-Devrient auf der Bühne und beschloß daraufhin, selbst Musiker zu werden. Nach dem Studium wurde er Musikdirektor in Bad Lauchstädt und Magdeburg, wo auch seine erste Oper „Das Liebesverbot“ 1836 uraufgeführt wurde. Im selben Jahr heiratet er die vier Jahre ältere Schauspielerin Minna Planer. 1840 traf er in Paris erstmals mit Franz Liszt zusammen, zwei Jahre später gelang ihm in Dresden mit der Uraufführung von Rienzi sein erster Bühnenerfolg. 1843 wurde ebenfalls in Dresden erstmals der Fliegende Holländer aufgeführt, und Wagner erhielt den Posten des Dresdener Hofkapellmeisters. 1845 folgte die Uraufführung des Tannhäuser. 1849 mußte er wegen seiner Teilnahme am Dresdener Mai-Aufstand, steckbrieflich gesucht, die Stadt verlassen, worauf er zuerst nach Zürich floh und von dort nach Paris. 1850 war in Weimar die Erstaufführung von Lohengrin, 1852 vollendete er in Zürich die Dichtung zum Ring des Nibelungen. 1862 trennte er sich von seiner Frau. Im Jahr darauf, am 28. November 1863, gestanden sich Wagner und Cosima von Bülow, die Tochter von Franz Liszt, während einer Wagenfahrt in Berlin ihre Liebe: „Unter Tränen und Schluchzen besiegelten wir das Bekenntnis, uns einzig gegenseitig anzugehören. Uns war Erleichterung geworden."

Wieder nach Wien zurückgekehrt, konnte sich Wagner vor seinen Gläubigern kaum mehr retten, aber er war nicht nur mit dem Geld, sondern auch mit seinen Nerven am Ende: „Seitdem bin ich in ein letztes Lebensstadium getreten: ich fühle bestimmt, daß es nun bald vorbei sein wird. Noch eine traurige, letzte Mühe, und es ist überstanden." Inmitten dieser (Selbstmord-?)Gedanken wurde im März 1864 auch noch sein Tristan vom Spielplan der Wiener Oper abgesetzt. Wagner drohte nun, in Schuldhaft genommen zu werden, da seine Verpflichtungen zusammengezählt auf runde 12000 Gulden angewachsen waren, was heute etwa 100000 Mark entsprechen würde. Sein Rechtsbeistand empfahl ihm dringendst, Wien zu verlassen. Am Karfreitag, dem 25. März 1864, hatte er sich nach München abgesetzt, um am nächsten Tag nach Zürich weiter zu fahren. Auf

Richard Wagner, Photographie von Franz Hanfstaengl.

Kabinettsekretär und Staatsrat Franz von Pfistermeister (1820–1912).

seiner Flucht vor den Gläubigern landete er am 29. April schließlich in Stuttgart, von wo aus er sich mit seinem Freund Weißheimer irgendwo in die Schwäbische Alb verkriechen wollte, um die Meistersinger zu Ende zu komponieren. Als Weißheimer Wagner am 30. April in Stuttgart traf, empfing er ihn mit den Worten: „Ich bin am Ende." Da er sich das Essen im Hotel nicht mehr leisten konnte, speiste er bei der Familie des ehemaligen Wiener Kapellmeisters Karl Eckert. Am Abend des 2. Mai meldete sich plötzlich der Sekretär des Königs von Bayern, Franz von Pfistermeister, und wünschte Richard Wagner zu sprechen. Wagner ließ sich verleugnen, denn man wollte ja doch nur Geld von ihm eintreiben, wie er glaubte. Am nächsten Morgen stand Pfistermeister erneut vor der Türe, und nach einigem Zögern ließ ihn Wagner herein. Ein langes Gespräch ohne Zeugen folgte, währenddessen Pfistermeister, der später in München Wagners erbittertster Gegner wurde, ihm einen Ring des Königs überreichte mit der mündlichen Botschaft, daß Ludwig II. die Kunst Richard Wagners hochschätze und ihn und seine Arbeit fördern wolle. Wagner möge sogleich mit ihm nach München fahren.

Am 4. Mai 1864 standen sich der 18jährige König Ludwig II. von Bayern und der 51jährige Richard Wagner in der Münchner Residenz erstmals gegenüber: Der „Fürst mit dem Geld" hatte sich gefunden. Ludwig forderte Wagner auf, den Ring des Nibelungen zu vollenden, dann würde er für die Aufführung schon selbst sorgen. Nach der Audienz beugte sich Wagner tief über die ausgestreckte Hand des Königs und verharrte wortlos eine längere Zeit in dieser Haltung. „Du hättest Zeuge sein sollen, wie sein Dank mich beschämte", meldete daraufhin Ludwig seiner wagnerkundigen Cousine Sophie Charlotte. Am gleichen Tag schrieb Wagner an Eliza Wille über seinen ersten Eindruck des Königs: „Er ist leider so schön und geistvoll, seelenvoll und herrlich, daß ich fürchte, sein Leben müsse wie ein flüchtiger Göttertraum in dieser gemeinen Welt zerrinnen."

Ludwig hatte sich in den ersten Monaten nach der Thronbesteigung mit großem Eifer in seine neue Aufgabe gestürzt, Berge von Akten gewälzt, Minister konsultiert, Audienzen gegeben und sich beraten lassen. Er wußte um seine Unerfahrenheit in den Tagesgeschäften der Regierung, denn viel zu unvorbereitet war ihm die bayerische Krone aufgesetzt worden. Zwar hatte er eine allgemeine Gymnasialausbildung hinter sich, notwendige Universitätskenntnisse in Staatsrecht, Geschichte oder Nationalökonomie aber fehlten ihm ebenso wie größere militärische Kenntnisse. Erfahrungen aus anderen Ländern hatte er ebensowenig gesammelt wie Menschenkenntnis. Personen seines Vertrauens, mit denen er sich in Staatsgeschäften oder auch über persönliche Probleme hätte beraten können, gab es ebenfalls nicht.

Doch nun war Richard Wagner da. Ludwig quartierte ihn zwischen Starnberg und seinem Schloß Berg in Kempfenhausen ein, und die wohl ungetrübteste Zeit zwischen dem König und dem Künstler begann. Sie sahen sich fast täglich. Wagner las aus seinen Werken, spielte auf dem Klavier, man philosophierte, phantasierte, und Ludwig berauschte sich an der Märchenwelt, die ihm Richard Wagner frei Haus lieferte. Ludwig hatte den Schöpfer seiner Traumwelten bei sich, und wie jede Sucht nach neuer Befriedigung verlangt, besorgte nun Richard Wagner ihm die Stimulantia, die seine Phantasiewelt stets aufs neue benötigte. Und je mehr Ludwig von Wagner aufnahm, um so gleichgültiger wurde für ihn das tägliche Regierungsgeschäft.

Wagner unternahm nun alles, um die einmalige Gelegenheit, sich zu sanieren und seine Schöpfungen voranzutreiben, nicht zu verspielen. Wenn Ludwig an Wagner voll Lohengrin-Entzücken den Künstler in seinen Briefen begrüßte mit „Mein innigst Geliebter!" – warum sollte ihm Wagner dann nicht antworten: „Mein geliebter, herrlicher Freund!" Nur blieb es bei derlei Anreden nicht, und beide verloren sehr rasch den Boden der Realität unter den Füßen, wobei vor allem Wagner keine gute Figur abgab. Gezielt und bewußt ließ er den König sich in seinen Träumereien weiter verfangen, gewissermaßen als Garantieschein für sein Lebenswerk. Ungeniert ließ er sich von seinem Retter in der Not anhimmeln: „Erhabener, göttlicher Freund!" – „Ein und All! Inbegriff meiner Seligkeit!" – „Urquell des Lebenslichtes!" – „Höchstes Gut! Alles!" – „Wonne des Lebens!" „Heißgeliebter, Angebeteter, Herr meines Lebens!" – „Heiland, der mich beseligt!"

Wagner begann nun seine Stellung auszubauen. Er brauchte vor allem einen fähigen Dirigenten: Hans von Bülow, verheiratet mit Cosima, der Tochter Franz Listzs. Während Ludwig im Sommer 1864 in Bad Kissingen sich erholte, meldete sich Familie von Bülow an. Hans von Bülow schickte Frau und Kinder eine Woche voraus. Und so wohnte Richard Wagner mit der 27jährigen Cosima eine Woche alleine unter einem Dach . . . Ein ganz anderer Lebensbund als mit Ludwig II. wurde nun geschlossen, von dem der König lange nichts erfahren durfte.

Im Oktober 1864 erteilte Ludwig Richard Wagner

formell den „Befehl“, den Ring des Nibelungen zu vollenden und wies ihm ein Haus in der Brienner Straße Nr. 21 an. Noch im November nahm Ludwig den Plan eines Festspielhauses in Angriff und beauftragte Gottfried von Semper mit dem Entwurf. Der Standort sollte hoch oben auf dem rechten Isarufer, etwas nördlich des Maximilianeums und mit der Stadt durch eine neue Prachtstraße verbunden sein, die entlang der Residenz quer durch die St.-Anna-Vorstadt führen sollte.

Doch das Festspielhaus brachte schnell Ärger: Neid und Mißgunst regten sich unter der Münchner Künstlerschaft. Für diese sowieso unaufführbaren Opern auch noch ein eigenes Haus bauen? Wagners Verhalten tat dazu ein übriges: Wäre er verbindlicher und umgänglicher gewesen, dann hätten die Münchner, die ja unberechenbare und kauzige Künstler gewöhnt waren, auf ihn nicht gleich so heftig reagiert. Aber „Richard Wagner konnte sich Altbaiern so wenig anvermählen wie Lohengrin Brabant“, wie Wagner-Biograph Martin Gregor-Dellin schreibt. Dazu kamen seine eigenen „Berufungen“ von Künstlern an die Isar, seine „Kolonie“, wie dieses Ärgernis von den Münchnern bezeichnet wurde, und die sich genauso wenig in die Münchner Lebensgewohnheiten und Mentalität einfühlen konnten wie die von Max II. ein Jahrzehnt zuvor berufenen „Nordlichter“.

War das Festspielhaus im Augenblick nur ein Plan, so stand die Uraufführung von Tristan und Isolde unmittelbar vor der Tür. Ludwigs erste launenhafte Verstimmung gegenüber Wagner war von beiden schnell verdrängt, und alle Kräfte konzentrierten sich jetzt auf Tristan. Die Proben liefen zu aller Zufriedenheit und Ludwig war vom Tristan-Darsteller Ludwig Schnorr von Carolsfeld äußerst angetan. Am gleichen Tag, an dem Intendant Freiherr von Perfall dem Orchester den neuen Dirigenten Hans von Bülow vorstellte, wurde Cosimas und Richard Wagners erstes Kind, Isolde, entbunden. Bülow glaubte sein Leben lang – offiziell – daß das Kind von ihm sei – und so gingen die Proben ohne private Affären weiter: Bülow hatte die Partitur „bis in die zartesten Nuancen in sich aufgenommen", das Tristan-Team war dem neuen Werk mit Leib und Seele verfallen. Die Bühne mußte erweitert werden, weshalb ein paar Sitzreihen des Zuschauerraumes daran glauben sollten. Den Widerstand der Operndirektion fauchte Bülow weg: „Was macht's, ob ein paar Dutzend Schweinehunde mehr oder weniger im Parkett sitzen!" Ein Sturm der Entrüstung brach los, und erst nach einer öffentlichen Entschuldigung Wagners konnte am 11. Mai 1865 die Generalprobe zu Tristan über die Bühne gehen. Gleich darauf wurde Isolde, gesungen von Malvina Schnorr von Carolsfeld, heiser, und die Uraufführung vom 15. Mai war geplatzt. München brodelte vor Gerüchten: Wagner in Ungnade? Tristan und Isolde doch unaufführbar? Am 10. Juni war es dann endlich soweit: In Anwesenheit höchster Herrschaften wurde Tristan und Isolde uraufgeführt. Das Publikum war ergriffen, Wagner trat Hand in Hand mit den Sängern beim Schlußapplaus auf die Bühne, Tränen über Tränen . . . Noch drei Aufführungen folgten, dann schrieb Wagner: „Dies war der Höhepunkt. Von da an nur noch reines Leiden."

Dem künstlerischen Höhepunkt folgte ein menschlicher: Im November 1865 war Wagner eine Woche lang Gast bei Ludwig in Hohenschwangau. Morgens weckte er den König mit Lohengrinklängen, die er von den

Schloßtürmen aus herunterposaunen ließ. Vierspännig fuhren beide durchs feuchte Herbstlaub übers Land. Abends las Wagner dem König aus seinen Memoiren vor, die er seiner „Sekretärin“ Cosima diktiert hatte. „Ich bin im Himmel“, schrieb der König in diesen Tagen an die „Sekretärin“ . . .

Richard Wagner begann nun den Bogen zu überspannen. Die Schwierigkeiten, die sich bezüglich seiner Festspielhauspläne, seines aufwendigen Lebensstils und dessen Bezahlung durch den König ergeben hatten, glaubte er nun politisch bewältigen zu können. Der Sturz der Minister Pfistermeister und von der Pfordten, von „Pfi und Pfo“, wie er sie nannte, würden seine Probleme lösen, wie er glaubte. Derlei Umsturzgerüchte waren für die Münchner Presse natürlich ein gefundenes Fressen. Anonyme Artikel erschienen: „Eure Majestät stehen an einem verhängnisvollen Scheideweg“ – was soviel hieß wie: Richard Wagner oder der König. Eine „Bürgerinitiative“ forderte mit 4000 Unterschriften die Entfernung des Tondichters. Ludwig konsultierte erstmals in seiner Regierungszeit seine Mutter, dann seinen Vetter Herzog Carl, den Erzbischof, die Professoren, die Minister. Alle waren gegen Wagner, und Ludwig hatte keine andere Wahl: Kabinettssekretär Lutz überbrachte Wagner den Rausschmiß. Wagner tobte, Beschimpfungen fielen. Lutz aufs höchste erregt: „Mäßigen Sie sich, ich bin als Beamter hier!“ Heftige Depeschen wechselten zwischen Wagner und dem König, doch es half nichts. Am 10. Dezember 1865 um 5 Uhr früh fielen sich Cosima und Wagner auf dem Bahnhof um den Hals. Cosima hielt zunächst die Stellung in München, während Wagner mit seinem Diener Franz und seinem Hund in die Schweiz abdampfte.

Karikatur aus dem Münchner „Punsch" auf Richard Wagners chronische Geldnot.

Richard Wagner auf dem dünnen Münchner Eis – 1865 brach er ein. Karikatur aus dem „Punsch“ 1865.

Ein langer Winter brach an, für Ludwig wie für Wagner, der inzwischen seine Meistersinger in Angriff genommen hatte. Im Frühjahr 1866 spürte Ludwig erste Wagner-Entzugserscheinungen. Zu dieser Zeit steuerte der Konflikt zwischen Österreich und Preußen unaufhaltsam einem Höhepunkt zu, und das Königreich Bayern hätte Stellung beziehen müssen. Am 22. Mai hätte der König den Landtag eröffnen sollen, aber Ludwig war unauffindbar. Inkognito war er an diesem Tag mit dem Schnellzug nach Lindau abgereist. Dort ließ er sich über den Bodensee schippern und sich am 53. Geburtstag Richard Wagners als „Walther von Stolzing" bei ihm anmelden. Der Bayerische König übernachtete in Wagners Parterrezimmer, daneben nächtigte sein einziger Begleiter, Paul von Thurn und Taxis. Darüber schliefen Richard Wagner und seine „Sekretärin" Cosima von Bülow. Die Münchner Zeitungen meldeten: „Der König ist durchgebrannt." Während die fidele Geburtstagsgesellschaft eine königliche Bergwanderung unternahm, wurde zu Hause in Bayern die Mobilmachung vorbereitet . . .

Für Ludwigs Ausflug in die Schweiz hatte niemand im Königreich Verständnis. Als er mit Verspätung am 27. Mai 1866 den Landtag eröffnete, wurde er nicht mit Hurra-Rufen, sondern mit lautem Zischen empfangen.

Die Einsamkeit nagte an der Substanz. Von seinem einzigen Vertrauten, „der mein Alles ist", ertrug er es nicht mehr, „länger von ihm getrennt sein zu müssen". Hätte Ludwig nicht die Last und Verantwortung der Königswürde zu tragen, ja dann wäre der Umgang mit dem Künstler weit einfacher. War sich der König bewußt geworden, der Herausforderung, ein Volk zu führen, nicht gewachsen zu sein? „Abdanken" kreiste es in

König Ludwig II. mit der Kette des Hubertusordens, Lithographie von C. Fedderle.

seinem Kopf, und er bat Richard Wagner „um des Theuren Zustimmung". So weit war der bayerische König gekommen, daß er seinen Hauskomponisten um Zustimmung für seine Abdankungspläne bat! Aber was nützte Richard Wagner ein abgedankter König! Wenigstens er behielt die Nerven und empfahl in seinem Sinne Gegenmaßnahmen: Fürst Hohenlohe-Schillingsfürst sollte das Kabinett übernehmen und von der Pfordten entlassen werden; letzterem aber hatte die Kammer gerade das Vertrauen ausgesprochen. Ludwig war unschlüssig und wurde von nun an immer unfähiger, Entscheidungen zu fällen. Zweifel an seiner Regierungsfähigkeit wurden offen ausgesprochen. Die Wiener Presse schrieb am 21. September 1866: „Als Prinz Carl heim kam, und der König nicht zu bewegen war, ihn und das Heer zu begrüßen, wurde ein Familienrat abgehalten, ob denn der König das ausreichende Talent habe, Bayern zu regieren."

Mit dem Heer waren die geschlagenen bayrischen Truppen gemeint, die den glücklosen Feldzug gegen Preußen führen mußten. Schon in der Vorphase des Konfliktes war Ludwig untergetaucht und für niemanden zu sprechen. Inmitten eines Blütenmeeres vergnügte er sich im Juni 1866 auf der Roseninsel im Starnberger See, brannte nachts Feuerwerke ab und ließ außer seinen Lakaien niemanden an sich heran. Die Minister mußten ihre Akten mit einem Fischerkahn über den See rudern lassen, ohne zu wissen, ob seine Majestät geruhen würden, einen Blick hineinzuwerfen. In der Roseninsel-Woche von 11. bis 17. Juni fielen wichtige Entscheidungen: Die Mobilmachung der Armee gegen Preußen und der Vertrag von Olmütz, demzufolge Bayerns Armee an der Seite Österreichs zu kämpfen hatte. Ob diese

Die Roseninsel im Starnberger See, Lithographie von Eberhard Emminger.

Waffenbrüderschaft überhaupt nötig gewesen wäre, wurde damals schon bezweifelt. Ludwig hatte nur widerwillig die Mobilmachung unterzeichnet, und es besteht nicht der geringste Zweifel an seiner ehrlichen Absicht, den Bruderkrieg zu verhindern. Aber sein bloßer Wunsch nach Frieden konnte den Konflikt nicht lösen. Ludwig blieb untätig und überließ die Verhandlungen seinem Ministerpräsidenten von der Pfordten. Seine Generäle befehligten zwar willige, aber schlecht ausgebildete Truppen. Weder König Ludwig I. noch Max II. und schon gar nicht Ludwig II. hatten sich je um das bayerische Heer gekümmert. Von allen erdenklichen Seiten gedrängt, brach er schließlich nach Franken auf und besuchte am 26. und 27. Juni die bayerischen Soldaten in Bamberg. Das hatte ihm gereicht – am 2. Juli saß er schon wieder auf der Roseninsel. Und an diesem

Tag fiel die Entscheidung des 66er Krieges: Bei Königgrätz wurden Österreichs Truppen von der Preußischen Armee vernichtend geschlagen. Aber bis zu diesem Tag hatte noch kein bayrischer Soldat auch nur einen Schuß abgefeuert. General von der Tann schrieb später: „Wir schlugen das erste Mal, als der Krieg schon entschieden war, und fochten noch, als er bereits zu Ende war."

Auch bei den Waffenstillstandsverhandlungen blieb Ludwig auf Tauchstation, und von der Pfordten mußte alleine mit dem gerissenen Bismarck die Bedingungen aushandeln. Auf den ersten Blick kam Bayern mit geringen Gebietsverlusten und einer Kriegsentschädigung von „nur" 30 Millionen Gulden zwar glimpflich davon, aber dafür hatte Bismarck seinem bayerischen Verhandlungspartner von der Pfordten ein „geheimes Schutz- und Trutzbündnis" untergejubelt, dessen Auswirkungen sich im Krieg 1870/71 entscheidend bemerkbar machen sollten.

Der Kriegsdonner war zwar verhallt, aber nun hätten die Folgen aus der unseligen Verstrickung gelöst werden müssen. Doch König Ludwig II. von Bayern hatte jetzt ganz andere Sorgen: Richard Wagner hatte Rheingold, die Walküre, Siegfried und die Götterdämmerung noch nicht komponiert, das dazugehörige Festspielhaus war noch nicht gebaut, die „deutsche Nationaloper", Meistersinger, war immer noch in Arbeit, und sein „Gott und Erlöser" saß fest in der Schweiz und durfte nicht zurück nach München! Am 20. Oktober 1866 schrieb Ludwig über seinen „Heiland": „Wagner ist ein Gott, der von des Himmels Höhen herabstieg, die neue beseligende Lehre den Menschen zu verkünden, die Welt zu erlösen! Ich bin von ihm erkoren, seinen Willen den Mitmenschen kund zu tun."

Ludwigs kleine Artigkeiten

Der leidige Krieg war zu Ende, und seit dem 2. August 1866 war für drei Wochen ein Waffenstillstand eingetreten: Ludwig konnte sich wieder ruhigen Gewissens nach Schloß Berg zurückziehen. Der einzige Mensch, mit dem er sich damals offen und frei über Richard Wagner unterhalten konnte, und mit dem er seine Begeisterung, zumindest was Wagners Werke betraf, ein wenig teilen konnte, war seine Cousine Sophie Charlotte, die von Berg aus in Sichtweite auf dem gegenüberliegenden Ufer des Starnberger Sees in Possenhofen lebte. In einer Zeit, in der keine Hoffnung auf die Rückkehr Richard Wagners bestand, in der er, wohin er auch blickte, nur Wagner-Gegner und Neider auf seinen auserwählten Künstler sah, da war es schon Wohltat, wenigstens einen verständnisvollen Zuhörer zu finden. Welche Befriedigung, in so einer Zeit einen Menschen neben sich zu wissen, mit dem man über „R. Wagners merkwürdiges, ergreifendes Geschick" sprechen konnte, der Ludwigs letzte Geheimnisse kannte, nämlich „das Wesen" seines „Geschicks", über seine „Sendung auf Erden", und der eingeweiht war in die letzten Dinge seines Daseins, der wußte, daß er „nicht viele Jahre zu leben" hätte, und daß er „diese Erde verlasse, wenn das Entsetzliche eintritt", wenn Wagners Stern nicht mehr strahlt, „wenn er dahin ist, der treu geliebte Freund."

Ludwig suchte die Nähe seiner Cousine Sophie, die er damals als „eine treue, theilnehmende Seele voller Geist" Cosima gegenüber bezeichnete, und deren „Los eine gewisse Ähnlichkeit" mit dem seinen aufweise: „Wir beide leben in Mitte(n) einer Umgebung, die uns nicht begreift und falsch beurtheilt; wir leben wie auf einer

Oase im Sandmeer der Wüste.“ So schickte er seiner „theilnehmenden Seele“ regelmäßig Briefchen und brachte ihr bei seinen meist urplötzlichen Besuchen Blumengebinde und Süßigkeiten mit, „kleine Artigkeiten“, die unter „nahen Verwandten ganz unauffällig waren“, wie sich der damalige Justizminister Eduard von Bomhard erinnerte. Sophie setzte sich ans Klavier, daneben Ludwig bei Tee und Gebäck tief im Lehnstuhl versunken: Wie oft mußte sie dann Isolde den Liebestod sterben und Tannhäuser auf die Wartburg ziehen lassen – und zu Ehren ihres „Oasenbewohners“ „Heinrich“ Lohengrin ehrfurchtsvoll erschallen lassen: „Heil, König Heinrich! Segenvoll mög' Gott bei deinem Schwerte stehn! Ruhmreich groß dein Name soll von dieser Erde nie vergehn!“

Die seltsamen Rendezvous im Geiste Richard Wagners wurden von Sophies Mutter Ludovica mißtrauisch beobachtet. Was geht hier vor? Noch nie war Ludwig so oft in Possenhofen aufgetaucht. Diese Wagnerschwärmerei kann doch nicht der einzige Grund sein, und dann diese dauernden Briefchen . . . Sophie war eine heiratsfähige Prinzessin, bei der so vertraute Besuche eines bayerischen Junggesellenkönigs nicht ganz so selbstverständlich erscheinen könnten, auch wenn man nah verwandt ist. Schließlich sind die Kinderzeiten vorbei, in denen die beiden ungeniert im Park herumtollen konnten. Man will ja keine Gerüchte nähren und habe die Pflicht, Mißverständnissen mit möglichen Bewerbern um Sophies Hand vorzubeugen. Da wäre es jetzt eigentlich angebracht, daß Ludwig die Absichten seiner freundschaftlichen Besuche allmählich deutlich macht. Er kann bei allem Verständnis das für ihn schwärmende Mädchen nicht ewig hinhalten und im Unklaren las-

Ludwig II., Photographie von Joseph Albert.

sen ... So oder ähnlich dürfte Ludovica am 12. August 1866 während eines gemeinschaftlichen Tees das heikle Thema angeschnitten haben. Ludwig war schockiert, unfähig zu einer Antwort. Wie hatte man seine Freundschaft zu Sophie Charlotte doch verkannt! Wie konnte man ihm unterstellen, er würde von Sophie etwas anderes wollen, als sich mit ihr über den „mit Inbrunst geliebten, einzigen Freund" zu unterhalten! Und wie kommt überhaupt eine Untergebene dazu, die Lauterkeit des bayerischen Königs anzuzweifeln! Ludwig richtete sich auf und verließ sichtlich erregt die Teegesellschaft. Dann gab er seinem Pferd die Sporen nach Schloß Berg und schrieb dort folgenden Brief: „Liebe Cousine! Wie schauderhaft mißlungen war mein gestriger Besuch, wie unangenehm die Unterbrechung. Der Eindruck, den ich erhielt, war für mich ein so fataler, daß ich wahrscheinlich im ganzen heurigen Sommer nicht wieder hinüberkommen werde – aber sage es niemanden! Um eines bitte ich Dich noch, zweifle deshalb nicht an meiner treuen und aufrichtigen Freundschaft für Dich. Es tut mir wirklich leid, Dich jetzt längere Zeit nicht mehr zu sehen, aber unter den gegebenen Umständen ist mir das Kommen zu sehr verleidet. Liebe Cousine, von ganzem Herzen einen vergnügten Sommer wünschend, verbleibe ich zeitlebens Dein treuer Vetter Ludwig."

Herzogin Ludovica war natürlich nicht entgangen, daß mit ihrem Vorstoß Ludwig völlig aus der Fassung gebracht war. Hatte sich Ludwig deshalb so erregt verabschiedet, weil seine heimliche Verliebtheit zu Sophie ans Tageslicht gekommen ist? Das wäre ja ganz normal, da müßte man dem schüchternen König nur einmal Gelegenheit geben, einer Vertrauensperson sein Herz auszuschütten. Nach dem Kaiser von Österreich,

Schloß Possenhofen am Starnberger See.

mit dem man Elisabeth vermählt hatte, wäre der bayerische König keine schlechte Partie. Man dürfte halt nicht so genau auf die enge Blutsverwandtschaft schauen, und überhaupt, so nah verwandt sind sie ja auch wieder nicht. Sophies Bruder Herzog Carl Theodor, im heimischen Kreis auch „Gackel" genannt, stand von allen Possenhofener Männern mit dem sechs Jahre jüngeren Ludwig auf vertrautestem Fuß, und er sollte die Lage einmal abklären. Von einem Gespräch von Mann zu Mann versprach man sich, endlich Klarheit über Ludwigs Absichten und Hintergründe seiner charmanten Besuche und den Grund seines heftigen Abgangs neulich zu erhalten. Herzog Carl machte also in dieser nicht beneidenswerten Mission seinem Vetter Ludwig in Schloß Berg seine Aufwartung, hörte dabei vom König aber alles andere, nur nicht das, was sich Ludovica gewünscht hatte.

Nachdem er in Possenhofen Bericht erstattet hatte, mußte er nochmnals Kurier spielen und Ludwig folgende Botschaft aus Possenhofen überbringen: „Nach den Mitteilungen, die ich meiner Mutter gemacht, hält dieselbe jede weitere Erörterung für überflüssig. Sie hat zwar geglaubt, Dein Benehmen habe zu anderen Erwartungen berechtigt, allein nun erkennt sie zur Genüge Deine Absichten und kann die Sache definitiv für bereinigt und abgemacht erklären. Von Fortsetzung eines Briefwechsels kann natürlich keine Rede sein. Indem ich mich hiermit meines Auftrags entledige, zeichne ich mit schuldiger Ehrfurcht als Dein aufrichtig ergebener Vetter Carl."

Der Ton des Briefes zeugt von einer zutiefst beleidigten Ludovica. Kommt ja überhaupt nicht in Frage, diese dauernde Wagnervergötterung! Soll er doch in die Oper gehen, aber nicht unserer Tochter den Kopf verdrehen mit diesem Musikanten! Da schaut man geduldig zu, wie sich die beiden monatelang treffen, und dann hat dieser merkwürdige Vetter nichts anderes im Kopf als diesen g'spinnerten Künstler! Also dafür ist uns unsere Sophie wirklich zu schade! Schluß, aus und vergessen! Und von wegen Briefchen schreiben, nix da! Da hört das Theater ja nie auf!

Wenn König Ludwig II. etwas an der von Vetter Carl erhaltenen Antwort gestört haben dürfte, dann die Untersagung des Briefwechsels. Als absolutistisch denkender Monarch muß er dies als eine grandiose Unverschämtheit gehalten haben. Aber er wußte ja, daß Gackel nur seine Mutter wiedergab, die von Gott und der Welt keine Ahnung hatte und ihre Lebensweisheiten ausschließlich aus Missionskalendern bezog, wie sich ihr Mann Max einmal belustigte. Was soll's, Ludwig schrieb weiter und Sophie auch. Sie war schließlich die einzige, die außer Wagner bisher in engerer menschlicher Beziehung zu Ludwig stand, und bei diesem „Traummann" schon ins Schwärmen geraten konnte. Er war ein hochaufgeschossener junger Mann, dunkelhaarig, dunkeläugig und mit enormer erotischer Wirkung nicht nur auf Frauen, der „schön wie ein Goldfasan zwischen all den Haushühnern einherschritt". Aber wie sollte sie es anstellen, daß Ludwig auf irdischere Gedanken und Wünsche kommt?

Alle Töchter des Herzogs Max hatten einen Hang zur Schwermut und wurden ihr Leben lang von Depressionen heimgesucht. Richard Sexau, der Biograph Herzog Carls, machte es sich da ein wenig zu einfach, wenn er aufgrund eines Briefes von Sophie an Ludwig der Herzogin unterstellt, daß sie gezielt „von ihrer Seite den Trumpf der Trennung ausspielte", um des Königs Gunst doch noch zu erlangen. So wie Ludwig gegenüber Wagner seinen Abdankungsstimmungen freien Lauf gelassen hatte, so wird sich Sophie durch das Aussprechen ihrer düsteren Gedanken ebenfalls Erleichterung verschafft haben. Von „ewiger Trennung" war da die Rede und mit „ernsten Pflichten" umschrieben gar ein Gang ins Kloster. Wer anders als Ludwig hatte sie in diese Stimmung versetzt! Ludwig antwortete ihr: „Du wirst vielleicht bald schon uns verlassen und ernsten Pflichten nachgehen? Gott, wie soll ich das verstehen? Wenn Du von hier scheidest, so betrübt mich dies viel mehr, als Du vielleicht glaubst. Bitte schreibe mir, welch schmerzliche Erfahrungen Du schon einmal in dieser Beziehung gemacht? Wäre niemand in Possenhofen als Du und Gackel, dann käme ich auch recht gerne und oft. So muß man immer eines Überfalls gewärtig sein.

Hoffentlich ist Deine Mutter nicht beleidigt, daß ich neulich den Tee dankend abgelehnt hatte, dies wäre mir sehr leid."

Das Jahr 1866 ging für Ludwig zu Ende, ohne daß Wagner nach München zurückgekehrt war, mit der Gefahr, die Freundschaft Sophies zu verlieren, mit der Erwartung von Ludwigs Verwandtschaft und der Bevölkerung, für einen Thronfolger zu sorgen und mit der Entlassung von der Pfordtens am 31. Dezember 1866. Am 1. Januar 1867 berief Ludwig Fürst Hohenlohe-Schillingsfürst zum neuen bayerischen Ministerpräsidenten. Ende Januar fuhr der Hausarzt Hohenlohes, Dr. Schanzenbach, in geheimer Mission in die Schweiz, um Richard Wagner die neue Situation in Bayern und die politischen Vorstellungen Hohenlohes zu erklären. Endlich war Wagners Weg zurück nach München wieder frei! Doch empfahl Schanzenbach, nicht zu überstürzt in die bayerische Hauptstadt aufzubrechen.

Siegfried findet seine Brünnhilde

Ludwig kam im Januar 1867 in arge Bedrängnis: Natürlich waren die Vorfälle in Possenhofen nicht geheim geblieben. Ludovica sagte laut, was sie über ihren merkwürdigen Neffen dachte. Vor allem der Königinmutter Marie dürfte sie die Meinung gesagt haben. Und von wegen „keine Zeit!“ – „Zum Heiraten hab' ich keine Zeit, das soll mein Bruder Otto besorgen!“ Und was für Sprüche mehr über dieses Thema von ihm in Hofkreisen herumgereicht wurden. Was hat er denn auszusetzen an der Sophie? Gefällt sie ihm vielleicht nicht? Aber sie verstehen sich doch so prächtig . . . und Wagner hin oder her, wenigstens würden sie sich über ihn nicht streiten! Und irgendwann muß er ja heiraten, der kann doch nicht ewig als Junggeselle regieren! In der herzoglichen Familie riß jetzt der Geduldsfaden: Die Briefeschreiberei hatte nicht aufgehört, aber Ludwig hat mit Sophie offenbar wirklich nichts im Sinn, nun reicht's! Auch Sophie scheint jetzt resigniert zu haben, denn nun war offenbar sie es, die Ludwig gebeten hatte, ihr keine Briefe mehr zu schicken. Dies aber traf Ludwig ins Mark.

Seine erste Reaktion war, einen Vorwand zu finden, um sein bisheriges Verhalten und seine ihm mit Sicherheit schon bewußte Eheunfähigkeit seiner Cousine klarzumachen. Ob er's nun auch wirklich selbst glaubte oder ob er es sich nur einredete, daß seine „Sendung auf Erden“ mit dem Leben des „treu geliebten Freundes“ Wagner ebenfalls enden würde, war für einen Normalsterblichen zwar schwer nachzuvollziehen, aber auf Ludwigs Art war es immerhin eine Erklärung für seine ungewöhnliche Lebensauffassung.

Die zweite folgenschwere Reaktion waren seine

König Ludwig II. im Jahr 1867 von Joseph Albert photographiert.

Ludwig II. im Atelier seines Hofphotographen Albert.

Schuldgefühle. Ludwig wußte genau, daß seine Cousine in ihn verliebt war und für ihn schwärmte, er wußte aber auch, daß er ihr nie das geben könne, was sie sich von ihm erhoffte. Er wußte auch, daß er es war, der „es so weit kommen ließ", und daß es nun zwischen Trennung und Verbindung für ihn keine andere Wahl mehr gab. Trennung hätte bedeutet, den Menschen zu verlieren, der ihm außer Wagner menschlich wie auch geistig am nächsten stand. Verbindung hätte zunächst Verlobung geheißen, dann Hochzeit und ehelicher Verkehr. Entschiede er sich nun für die Trennung, so ginge Sophie womöglich ins Kloster, sie würde ihn ein Leben lang hassen, und vernichtet wäre dann durch ihn das Leben dieser verständigen Frau, Schuld würde er auf sich laden, nur weil es seine Natur nicht zuläßt, mit einer Frau . . .

Ludwig versuchte einen dritten Weg: er bat Sophie um Verzeihung; „oh, zürne mir nicht!" schrieb er ihr am 19. Januar im nachfolgenden Brief und bat sie um Verständnis für sein Verhalten. Läßt man den „Heiland und Erlöser" Richard Wagner einmal beiseite, so war Sophie damals für Ludwig tatsächlich der ihm nahestehendste Mensch, ein Kumpel und Kamerad, als den er Sophie immer betrachtet hatte, und die er nun buchstäblich anflehte, ihn in dieser schweren Zeit nicht auch noch im Stich zu lassen: „Höre meine Bitte . . . entziehe mir Deine Freundschaft nicht, oh, sie tut mir so wohl!" Es war echte, keine gespielte Verzweiflung, in der er ihr so schrieb:

„Meine Liebe Sophie!

Schwer kommt es mir an, diese Zeilen an Dich zu richten, aber ich halte es für meine Pflicht, gerade jetzt Dir zu schreiben. – Schmerzlich ist es mir, sollten Wir wirklich von nun an Unseren schriftlichen Freundschaftsverkehr auf immer unterbrechen, denn (wie ich es Dir zu wiederholten Malen in meinen Briefen versicherte) nie wirst Du aufhören, mir theuer zu sein, zeitlebens werde ich Dir die aufrichtigen und innigen Gefühle meiner treuen Freundschaft bewahren. Oh, habe keinen Groll im Herzen, liebe Sophie, höre meine Bitte und bewahre mir ein gutes Andenken in Deinem Herzen, entziehe mir Deine Freundschaft nicht, oh, sie tut mir so wohl. – Du kennst das Wesen meines Geschickes, über meine Sendung auf Erden schrieb ich Dir einst von Berg aus, Du weißt, daß ich nicht viele Jahre mehr zu leben habe, daß ich diese Erde verlasse, wenn das Entsetzliche eintritt, wenn mein Stern nicht mehr strahlt, wenn er dahin ist, der treu geliebte Freund; ja, dann ist auch meine Zeit aus, denn dann , dann darf ich nicht mehr länger leben. – Du nahmst so herzlichen, so wahren und aufrichtigen Antheil an meinem Geschicke, liebe Sophie, daß ich Dir dafür innig dankbar sein werde, mein Leben lang. Der Hauptinhalt Unseres Verkehrs war stets, Du wirst es mir bezeugen, R. Wagners merkwürdiges, ergreifendes Geschick. – Oh, zürne mir nicht, sende mir einige freundliche Zeilen, die mir beweisen, daß Du mir gut bleibst, bedenke, Dein Freund hat vielleicht nur mehr wenige Jahre zu leben, soll seine karg bemessene Lebenszeit ihm durch qualvolle Gedanken verbittert werden, daß eines von den wenigen Wesen, die ihn verstanden, denen er theuer war, ihn nunmehr im Stillen haßt? Oh, das verdiene ich nicht, ich darf es kühn sagen. – Lebe wohl, meine liebe Sophie; willst Du es, so schreibe ich nie wieder, lebe glücklich und gedenke mein. – In inniger Freundschaft Dein treuer, aufrichtiger Vetter Ludwig."

Am Abend desselben Tages, an dem Ludwig diesen Brief geschrieben hatte, sah er Sophie auf dem Münchner Hofball, dem einzigen des Jahres 1867. Zwei Tage darauf, am 21. Januar, trafen sich beide wieder auf einem Ball in den am Promenadeplatz befindlichen Gesellschaftsräumen des „Museums", einer 1802 gegründeten Lesegesellschaft für Adelige, Staatsbeamte, Militär und Akademiker. Wieder zurückgekehrt in die Residenz, wurde für Ludwig in dieser Nacht die Last seiner Gefühle zu schwer: „Am Morgen des 22. Januar, nach dem Ball im Museum, an dem Sophie, sehr reizvoll anzusehn, teilgenommen hatte, erschien der König noch bei Dunkelheit bei seiner Mutter, um sie zu bitten, seine Werberin zu sein. Freundlich gerührt war die Frau sofort bereit, so daß er bereits um neun Uhr sich selbst von seiner Braut das so plötzlich erbetene Ja holen konnte. Bei der Hoftafel proklamierte er selbst und in großer Erregung die Verlobung. Abends im Theater holte er, gemeinsam mit der Königinmutter, die Braut aus der herzoglichen Loge in die des Königshauses."

Nun war die Entscheidung gefallen, der Hof – und durch den Logenplatztausch auch Münchens Bevölkerung – waren jetzt über die folgenschwere Neuigkeit unterrichtet, nur einer wußte noch von nichts: Ludwigs „liebes, schönstes Band der Welt!" sein „holder Freund" Richard Wagner, immer noch fern der Isar im Schweizer Exil. Kaum war die Vorstellung zu Ende, ließ der König um 22.05 Uhr ein Telegramm an Richard Wagner aufgeben, in dem dieser zwölf Stunden später las: „Dem theuren Sachs theilt Walther selig mit, daß er sein treues Evchen, daß Siegfried seine Brünnhilde fand."

Was war geschehen? Ludwig schrieb am 19. Januar fast eine Art Abschiedsbrief an Sophie, traf sie aber

unmittelbar danach zwei Mal und zwar in miserabler Verfassung. Er fühlte, wie unglücklich er Sophie durch seine Entscheidung gemacht hatte, daß sie möglicherweise jetzt ins Kloster gehen würde, „daß Du fort müßtest, wir uns niemals mehr sehen könnten". Da wurde Ludwig „auf das tiefste ergriffen, gerührt durch den Beweis wahrer Liebe", den Sophie ihm seinem Empfinden nach gab, „so daß ich mich hinreißen ließ um Deine Hand zu werben". So geschrieben von Ludwig II. nach der Auflösung der Verlobung. Seine plötzliche Entscheidung, sein Sinneswandel, war also ausschließlich von seinen Empfindungen und Gefühlen gelenkt.

Ludwig ließ sich „hinreißen“, weg vom besseren Wissen über sich selbst, nämlich mit einer Frau kein normales Eheleben führen zu können. In dieser Nacht vom 21. auf den 22. Januar hatte Ludwigs Gefühlsleben über seinen Instinkt und seinen Verstand einen Augenblick lang gesiegt, ein Sieg, mit dem er schon bald schwer zu kämpfen hatte.

Große Überraschung über die Königlich-Bayerische Verlobung herrschte aber nicht nur in München, auch Richard Wagner und Cosima von Bülow hatten die telegraphische Botschaft mit ziemlicher Verwunderung aufgenommen. Wer außer Wagner hatte bisher einen tieferen Blick in Ludwigs Seele tun können, wer seine homoerotische Veranlagung deutlicher erkennen können als er? Beruhigung dürfte sich zunächst jedoch beim Namen der Prinzessin Sophie Charlotte eingestellt haben, denn von ihr ausgehend, hatte Wagner keine ungünstige Beeinflussung gegenüber seinen Plänen zu befürchten, schließlich zeigte sie sich in ihrem ersten Brief vom 14. Februar als eine große Verehrerin seiner Werke: „Ihre hohe Kunst hat mich schon von frühester Jugend an begeistert, und als ich am 17. Mai 1863 der Aufführung von Thannhäuser zum erstenmal beiwohnte, machte die herrliche Dichtung einen so gewaltigen Eindruck auf mich, daß der sehnlichste Wunsch in mir rege ward, den Meister dieses erhabenen Kunstwerks kennen zu lernen. Damals ahnte ich wohl nicht, in welch wundersame Beziehung ich noch zu ihm treten würde, und daß ich diesen hochbegabten Meister einst meinen Freund nennen dürfte! Parzival, Ihr treuester Freund, hat mich vertrauensvoll in sein inniges Bündnis mit Ihnen eingeweiht: Ich kenne die ewige Liebe und Freundschaft, die er Ihnen geschworen, ich weiß Was Sie

Ihm sind. Nichts hat er mir darüber verschwiegen – doch je mehr ich mich versicherte, wie es um Sie Beide steht, wie unauflöslich dieser Bund, wie heilig er sei, desto fester schloß sich mein Herz an Ihn, der mein Theuerstes auf Erden ist, und nur mehr das eine Sehnen bewegt mich: mein ganzes Leben an das Seinige zu ketten, sein Loos und Schicksal zu theilen!"

Auch von Sophies Vater, Herzog Max, glaubte Wagner zu wissen, daß er seiner Kunst recht aufgeschlossen gegenüberstünde, wie „Sekretärin" Cosima am 31. Januar 1867 dem König berichtete: „Der Freund entsann sich sehr wohl, die ‚hohe Braut' gesehen und bemerkt zu haben; er erzählte mir, daß Herzog Max sich für seinen Lohengrin begeistert habe, wenigstens sei ihm von einem Musikdirektor aus Würzburg damals in Zürich so erzählt worden." In seinem Gratulationsschreiben zur Verlobung beglückwünschte Wagner den König auch, weil er seine Wahl offenbar aus ganz freien Stücken heraus getroffen hatte, und keine äußeren Zwänge ihn zu dieser Entscheidung getrieben hätten, keine „grausam erhabenen Mächte, die einen König leiten und bestimmen können, seinem Herzen Zwang zu gebieten, und die entscheidendste Wahl für sein Seelenheil nach Gründen zu lenken, denen seine Seele innigst fremd ist: da heißt es ‚Politik', ‚Staatsraison', ‚Allianz'! So hat er gut gewählt. ‚Sophia' – Weisheit – der Liebe!"

Auch Großvater Ludwig I., der gerade in Rom dem bayerischen Winter entflohen war, erhielt von Ludwig die überraschende Familienneuigkeit, und wahrscheinlich ist dem alten königlichen Herzensbrecher ein aufatmendes „na endlich!" entfahren. „Ein Wittelsbacher liebt die Frauen!" war ja ein alter Spruch von ihm, und so dürfte ihm, der einst über Lola Montez gestürzt war, die

König Ludwig I. von Bayern (1786–1868), Photographie von Franz Hanfstaengl um 1860.

lange frauenlose Zeit seines Enkels doch schon etwas seltsam vorgekommen sein. Es war der 23. Januar, als es Ludwig II. drängte, seinem Großvater „ein freudiges Ereignis mitzutheilen, das für mein ganzes Leben und unser Haus von entscheidender Wichtigkeit ist: Ich habe mich nämlich gestern verlobt mit meiner Cousine Sophie, Tochter des Herzogs Max in Bayern. Auf das innigste würde es mich freuen, wenn meine Wahl Ihren Beifall fände. Ich bitte Sie theuerster Großvater, für mich und meine liebe Braut um Ihren Segen und Ihr Gebet, damit diese Verbindung mir und meinem Volke zum Heile gereiche. Ich bitte Sie, mir und Sophien die Liebe zu bewahren, die Sie uns stets bewiesen haben, küsse Ihre Hand und verbleibe in inniger Liebe Ihr dankbarer Enkel Ludwig."

In seiner Antwort dachte Großvater Ludwig I. auch gleich an das naheliegendste, für Ludwig II. jedoch völlig unvorstellbare „freudige" Ereignis: „Gottes Segen, lieber Ludwig, ruhe auf Deiner Ehe! Schon lange las ich in den Blicken, welche die schöne Sophie auf Dich heftete, daß du in Ihrem Herzen wurzelst. Das häusliche Glück ist des irdischen größtes. Wie hoch erfreut würde ich sein, wenn ich Deinen Erstgeborenen, meinen Urenkel, auf meinen Armen halten kann. Dein seinen besten Segen Dir lieber Ludwig ertheilender Großvater Ludwig. Rom, 29. Januar 1867." Mit der gleichen Post kam auch das Verlobungsgeschenk, ein Gedicht Ludwigs I. auf Ludwig II. und seine künftige Braut Sophie:

„Adonis sieht mit schwärmerischen Blicken
die Schönheitsgöttin an: sie muß ihn lieben.
Sie fühlen zueinander sich getrieben,
Es will ihr Wesen wonniglich erquicken.

In beiden Herzen, glühend, ist geschrieben
Das selige, durchdringende Entzücken,
Das süße, gegenseitige Beglücken,
Wie es entstanden, ist es auch geblieben.

Mein Enkel, diese Blicke sind die Deinen,
Lichtstrahlen, welche ungeahnt erscheinen,
Die Irdisches mit Himmlischem vereinen.

Des Lebens Höchstes haben sie erworben.
Nie werde durch die Welt Dein Glück verdorben,
Nie heiße es: die Liebe ist gestorben."

Maria Stuart

Am 27. Januar 1867 brachten die „Neuesten Nachrichten“ in München folgende Meldung: „Die königliche Braut, Prinzessin Sophie, besuchte gestern Mittag das photographische Atelier von Hanfstaengl in der Maximilianstraße und verweilte behufs mehrfacher größerer Portraitaufnahmen daselbst längere Zeit.“ Der Berichterstatter hatte seine Zeilen offenbar schon einen Tag zuvor geschrieben, denn die „größeren Portraitaufnahmen“ entstanden bereits am 25. Januar, wie aus einem von Sophie selbst datierten Abzug im Geheimen Hausarchiv der Wittelsbacher hervorgeht.

Das „photographische Atelier“ gehörte Franz Hanfstaengl (1804–1877), dem damals berühmtesten Photographen in Deutschland. Er war als zwölfjähriger Bauernbub aus Baiernrain bei Wolfratshausen nach München gekommen, wo er bei dem Miterfinder der Lithographie, Hermann Joseph Mitterer, Unterricht im Zeichnen und Lithographieren erhielt. Schon bald zeigte sich sein außerordentliches Talent im Kopieren von Gemälden und in der Darstellung von Portraits nach dem Leben. Nach dem Besuch der Münchner Kunstakademie wurde er in kurzer Zeit der beliebteste Portraitist der Münchner Gesellschaft. In den Jahren von 1835–1844 lebte er mit seiner Familie in Dresden, wo er die bedeutendsten Gemälde der Königlichen Galerie lithographisch vervielfältigte. Vom Erlös dieses ausgezeichneten Geschäftes kaufte er sich 1844 das Hochschloß Pähl am Ammersee, das in den folgenden Jahren ein beliebter Ausflugsort der Münchner Künstler wurde. Hanfstaengl war 48 Jahre alt, als er 1852 seine lithographischen Steine mit der photographischen Kamera vertauschte, unmittelbar nach der Erfindung einer Technik, mit der erstmals Glasplatten als photographisches Aufnahmematerial verwendet werden konnten. Innerhalb kürzester Zeit schuf er Photographien von unerreichter technischer Qualität, und entwickelte als einziger Photograph seiner Zeit einen unnachahmlichen, eigenen Aufnahmestil. In den Jahren 1852–1868 gab es kaum einen prominenten Zeitgenossen, der nicht vor seiner Kamera in der Schützenstraße und später in der Maximilianstraße saß. Die Illustrierte Zeitung in Leipzig schrieb 1858, daß Franz Hanfstaengl „als Portraitphotograph dem Range nach als erster nicht nur in Deutschland, sondern in allen Welttheilen dasteht", und daß bei einem „einigermaßen hervorragenden Fremden, der in München war, und sich nicht von Hanfstaengl photographieren ließ mit Recht das bekannte Sprichwort von Rom und dem Papste gelten kann". Rom und München kannte man erst, wenn man den Papst gesehen hatte und von Hanfstaengl verewigt worden war.

Franz Hanfstaengl war ein alter Bekannter der Familie des Herzogs Max in Bayern: Als Lithograph hatte er das weitverbreitete Portrait des Herzogs mit seiner Zither geschaffen, und auch das wohl schönste Portrait seiner Tochter Elisabeth als Braut des Kaisers von Österreich gezeichnet. „Sissi" portraitierte er später auch mit der photographischen Kamera, ebenso ihre Schwester Maria anläßlich ihrer Hochzeit mit König Franz von Neapel-Sizilien. Franz Hanfstaengl und Herzog Max kannten sich aber auch als gemeinsame Mitglieder der Gesellschaft „Alt England", und gewiß war Hanfstaengl auch Gast der herzoglichen „Artusrunde", zumal Max ein begeisterter Stereoscop-Photographien-Gucker war. Wie aus einer Karikatur Franz von Poccis zu entnehmen

Franz Hanfstaengl in seinem Photoatelier; Karikatur von Franz von Pocci.

ist, wurden dabei nicht nur Photographien ferner Landschaften angeschaut, sondern auch andere „Naturschönheiten“ bewundert . . .

Franz Hanfstaengl wurde in seinem Atelier in der Maximilianstraße, von dem heute auf Nr. 25 an der Rückseite noch einige Reste zu sehen sind, seit 1865 von seinem Sohn Ernst (1840–1897) unterstützt, der eine ausgesprochene Künstlernatur war. Seit 1866 arbeitete auch Edgar (1842–1910), der eine Ausbildung als Handelskaufmann hinter sich hatte, im väterlichen Betrieb mit. 1867 war er bereits Prokurist des Unternehmens, das er 1868 dann vollständig übernommen und im Laufe der Jahre zum „Kunstverlag Franz Hanfstaengl“ ausgebaut hatte.

Daß die beiden Söhne bei derart wichtigen Aufnahmen, wie die von der Braut des bayerischen Königs, mitwirkten, war selbstverständlich, denn es war ja noch die Zeit des „nassen Kollodiumverfahrens“, bei dem die photographischen Platten unmittelbar vor der Belichtung hergestellt werden mußten, und gutes Gelingen dabei ein äußerst sorgfältiges Arbeiten voraussetzte. Da eine Wiederholung von Photographien derart hochgestellter Persönlichkeiten äußerst peinlich gewesen wäre, hatte sich Franz Hanfstaengl auch bei den Bildern der Prinzessin Sophie der zuverlässigen Hilfe seiner Söhne bedient.

Anfang Februar schickte König Ludwig II. ein paar der damals entstandenen Photographien an Richard Wagner, worauf dieser von Sophie gebeten wurde, ihr doch auch einmal ein Bild von sich zu schicken: „Parzival wird Ihnen meine Photographien bereits zugesendet haben, wie innig würde ich mich freuen, mögen Sie mir Ihr Bildnis geben", wie sie ihm am 14. Februar 1867 schrieb. Darauf Wagner an Ludwig: „Sie wünscht ein Bild von mir: ich habe nichts, als ein paar abscheuliche Photographien, die ich doch kaum anzubieten wage. Das Beste bleibt immer noch die Büste Zumbuschs. Ich glaube, man sollte nach ihr eine gute Photographie machen lassen. Nun aber – um Gottes Willen – lege ich ein paar der Petersburger Photographien bei – welche, wenn sie auch etwas glatt ausgefallen sind, doch am wenigsten entstellen. Mit den Münchner Photographien war niemand recht zufrieden. Jedenfalls bin ich froh, Hanfstaengls Werk, das Portrait Ihrer geliebten Braut zu besitzen und danke Ihnen innigst dafür."

Hinter den „Münchner Photographien" steckte als Urheber der erste Königlich Bayerische Hofphotograph Joseph Albert (1825–1886), den Richard Wagner neben anderen hinter den Intrigen und Verdächtigungen vermutete, die zu seinem Rausschmiß aus München geführt hatten. Joseph Albert war eine ausgesprochene Unter-

Herzogin Sophie Charlotte in Bayern, photographiert im Atelier Hanfstaengl am 25. Januar 1867.

nehmerfigur, der anders als Hanfstaengl die Photographie als Massenproduktion betrieb und kaum Wert auf individuelle Gestaltung der einzelnen Portraits legte. Da Albert damals auch der einzige Hofphotograph war, wurde von ihm auch das offizielle Verlobungsphoto von König Ludwig II. mit seiner Braut, Prinzessin Sophie, aufgenommen.

Wenn es nach Ludwig gegangen wäre, dann hätte das gemeinsame Verlobungsphoto eigentlich schon gereicht. Das ganze Spektakel um sein Familienfest war ihm bereits zuwider, und es ging ihm auch längst auf die Nerven: „Als man dem König nun vorträgt, daß das für das Land freudige Ereignis den Landtagskammern mitgeteilt, Deputationen empfangen, Festlichkeiten aller Art veranstaltet werden müßten, meinte der König überrascht: ‚Jetzt schon – ich dachte das hätte noch Zeit'", wie Gottfried von Böhm berichtete. Ludwig hatte bei seinem einsamen Entschluß im Januar nicht im Traum daran gedacht, welchen Rattenschwanz von gesellschaftlichen Verpflichtungen so eine Königsverlobung nach sich ziehen würde: Jeder einigermaßen Hoffähige wollte doch nun seine Aufwartung machen und ihm und seiner Braut Glück wünschen, vor allem aber ein gutes Gelingen bei der Schaffung des Thronfolgers . . .

Um derart peinliche Unterhaltungen von vorneherein auszuschalten, ordnete der König an, daß keinerlei „Einzelbeglückwünschungen" stattfinden dürften, sondern daß man ihm und seiner Braut zum irdischen Glück anläßlich und im Verlaufe eines Hofballes allgemein huldigen sollte.

Die königliche Braut wurde am 22. Februar 1867 20 Jahre alt – eine Woche später fand dann das große gesellschaftliche Ereignis, der Verlobungsball Seiner

Sophie Charlotte, etwas voreilig als „Königin von Bayern“ lithographiert.

Die offiziellen Verlobungsbilder von König Ludwig II. und seiner Braut Herzogin Sophie Charlotte . . .

. . . aufgenommen im Atelier des königlich-bayerischen Hofphotographen Joseph Albert (1825–1886).

Majestät des Königs von Bayern statt. Fürst Chlodwig zu Hohenlohe-Schillingsfürst war als Minister des königlichen Hauses der „Veranstalter“ und hatte 750 Gäste aus den verschiedensten Ständen und Vertreter der unterschiedlichsten Presseorgane „ohne Unterschied der Parteirichtung“ zum Festball in das Gebäude des Bayerischen Außenministeriums geladen. Diese kunterbunte Gästeschar aus Hochadel, einfachen Bürgern, Journalisten, Künstlern und Gelehrten fanden die „Neuesten Nachrichten“ als „eine in solchen Zirkeln unerhörte Tat“. War diese „unerhörte“ Gästeliste, die ja zweifellos seine Zustimmung erforderte, etwa gar eine Idee des Königs? In einer derart buntgewürfelten Masse war er ja vor allzu persönlichen Unterhaltungen weit mehr geschützt als im kleinen Kreis von Ministern, Diplomaten und seiner allzeit neugierigen Verwandtschaft.

„Der König erschien gegen neun Uhr und führte dic Frau des Hauses zu einer Quadrille; neben ihm tanzte seine Braut an der Hand des österreichischen Gesandten“, wie die „Neuesten Nachrichten“ tags darauf meldeten. Ludwig hatte seine prächtige Chevaulegers-Uniform angelegt, und seine Braut Sophie erschien ganz in den Landesfarben weiß und blau gekleidet. Ludwig begrüßte artig die Brautmutter Herzogin Ludovica und den Brautvater Herzog Max, und mit einem Glas Champagner wurde auf die Familienfeier angestoßen. Dann war für Ludwig die Verlobung zu Ende: Er entschuldigte sich damit, noch allerlei Gäste begrüßen zu müssen, und schritt „mitten im Gewühl der Gäste“ gegen 22.00 Uhr auf Justizminister Eduard von Bomhard zu, „fragte nach der Uhr und weiter, ob er wohl noch vor Ende des Stückes – ein Drama von Schiller – ins

Theater kommen werde". .Bomhard erinnerte sich außerdem, daß er den König darauf aufmerksam machte, „daß aller Augen auf ihn gerichtet seien, und was man von mir denke, wenn ich vor ihm stehend auf die Uhr sähe: ‚Er würde sich dicht vor mich stellen.' Er tat so, und ich konnte unvermerkt die Uhr ziehen und ihm sagen, daß er wohl noch einen Teil des Stückes sehen könne, aber ob es wohl der hohen Braut wegen angehe, daß er jetzt schon das Fest verlasse? Er grüßte mich, und kurz darauf hieß es: ‚der König ist fort.' Ob er sich von der Braut wirklich nicht verabschiedet hat, wie von den erstaunten Gästen behauptet wurde, weiß ich nicht."

Die Nachricht vom Verschwinden des Königs raste wie ein Lauffeuer durch den Saal, auf den Gängen des Außenministeriums stand man ratlos in Gruppen zusammen und tuschelte allerlei Gerüchte. Ludwig saß inzwischen tief zurückgelehnt in seiner Kutsche, die Vorhänge zugezogen, und raste in vollem Galopp dem königlichen Hoftheater entgegen. Sein Sekretär Lorenz Düfflipp saß ihm schweigend gegenüber. Nach wenigen Minuten war das Ziel erreicht, hastig werden die Flügeltüren geöffnet, Ludwig stürzt die Treppen hinauf und die Königsloge öffnet sich. In der letzten Reihe sinkt er in den Sessel. Drunten auf der Bühne wird Maria Stuart zum Schafott geführt. Die Königin von England verlangt nach ihrem letzten Getreuen, Graf Leicester, doch „der Lord läßt sich entschuldigen, er ist zu Schiff nach Frankreich". Der Vorhang fällt – und im Schutze des Applauses verläßt Ludwig das Theater. In rasender Fahrt läßt er die Kutsche nach Schloß Berg lenken, nur weg, nur weit weg von dieser „liebeleeren Hauptstadt!" Und zu Düfflipp sagt er plötzlich: „Lieber spring' ich in den Alpsee . . . lieber in den Alpsee!"

„O mein Gott, mein Erlöser, komme!“

König Ludwig II. hatte zwar jetzt eine Braut, aber sein „einzig Geliebter, theuerster Freund“ war ihm noch immer entrissen. „Was wäre das Leben ohne Sie? marternde Qual, Jammer und endloses Elend; o kommen Sie bald, treu und ewig Geliebter, machen Sie unserer Trennung ein Ende, auf immer . . . Segen, Heil Dir, Du mein Ein und All! Naht er bald, der Herr meines Lebens? – Gesegnet im Voraus für jeden Beschluß, den Sie fassen, o mein Gott, mein Erlöser, komme!“

Der alte Fuchs Richard Wagner spürte, daß er nun nicht mehr länger zögern darf – zuviel mußte in München erledigt werden. Die Umstände waren so günstig wie lange nicht mehr, also sagte er seinen Besuch an. Seit dem 5. März 1867 hatte er seine Meistersinger bis auf die Instrumentierung zu Ende komponiert, für die sich die Königshochzeit als phantastischer Uraufführungstermin eignen würde. Dann mußte er den König dazu bringen, Hans von Bülow wieder nach München zu berufen, um einen vertrauenswürdigen Dirigenten für die Meistersinger zu haben, aber auch um ihm die Leitung der geplanten königlichen Musikschule zu übertragen. Für diese Bülow-Unternehmen war Gefahr im Verzug, denn allzu lange konnte er dem König gegenüber sein wahres Verhältnis zur Bülow-Gattin, beziehungsweise zu seiner „Sekretärin“ Cosima bestimmt nicht mehr verheimlichen, vor allem, wenn sich Bülow endgültig von seiner Frau trennen sollte. So schrieb Wagner auf den Hilferuf seines holden Freundes ihm am 7. März von der Vollendung der Meistersinger, und daß er für die Ausführung der 300 Seiten Partitur noch etwa 100 Tage benötige: „Dieses Werk am Tage Ihrer liebli-

Richard Wagner photographiert von Franz Hanfstaengl.

chen Vermählung aufgeführt, muß aller Welt zeugen, daß Wir füreinander geboren sind; dieses Werk und Ihre Vermählung, so zusammentreffend, das ist einer von den ‚Zufällen', die nur Gottesgesandten zutheil werden!" Von diesen „Zufällen" der beiden „Gottgesandten" hielt man aber in Münchner Hofkreisen überhaupt nichts, ja, man empfand die Meistersinger als Hochzeitsmusik einfach geschmacklos und unmöglich. Welche zweideutigen Parallelen könnten sich da aufdrängen! Unsere Prinzessin Sophie vielleicht gar mit der Wagnerschen „Eva" zu vergleichen, die als erster Preis für ein Wettsingen ausgeschrieben ist! Daß sich Ludwig in diese Oper hineinphantasiert ist noch lange kein Grund, solche Peinlichkeiten am Hochzeitstag über die Bühne gehen zu lassen! – Wenn die aufgeregte Verwandtschaft damals gewußt hätte, daß Ludwig die Meistersinger-Rollen schon längst vergeben hatte . . . Wer telegrafierte denn am Verlobungsabend an Richard Wagner? „Walther" von Stolzing, der beim Meistersingen gewonnen hatte, war es doch, der „dem theuren Sachs" die frohe Kunde meldete, „daß er sein treues Evchen" gefunden hatte!

Doch nun brauchte Ludwig keinen Telegrafen mehr: Endlich! Der Tag des Heiles sollte anbrechen, Richard Wagner auf dem Weg in die Münchner Residenz! „Einzig geliebter Freund! mein Erlöser! mein Gott! – Ich juble vor himmlischem Entzücken, ich rase vor Wonne, – o nun bin ich glücklich, nicht mehr verlassen in trostloser Öde, da ich den Einzigen in meiner Nähe weiß; o bleiben Sie nur da, Angebeteter, für den ich einzig lebe, mit dem ich sterbe. O Tag des Heiles! Wonnezeit. In ewiger Liebe, in unerschütterlicher Treue Ihr Eigen Ludwig." Am 9. März hatte Ludwig diesen Jubelschrei dem nahenden Wagner entgegengesandt, der an diesem Tag im „Bayerischen Hof“ abgestiegen war. Tags darauf standen sich Ludwig und Wagner nach 292 Tagen Trennung seit dem 22. Mai 1866 erstmals wieder gegenüber.

Außer Ludwig hatte aber noch jemand sehnsüchtig auf Wagner gewartet: Prinzessin Sophie. Die „gegenwärtigen Verhältnisse“ ließen aber eine ungehinderte Begegnung der beiden nicht zu, denn durch den Wagner-Rummel im Vorfeld der Verlobung und nicht zuletzt auch durch das geplante Hochzeitsmusical war der Komponist von der herzoglichen Familie zur unerwünschten Person erklärt worden. So blieb Sophie nur mehr die Möglichkeit eines konspirativen Treffens. Am 13. Mai bat sie Wagner „vorläufig um die größte Vorsicht. In unserem Hause kann ich Sie durchaus nicht sehen, denn leider muß ich Ihnen offen gestehen, daß mir meine Familie Alles in den Weg legt, um eine Zusammenkunft mit Ihnen zu verhindern, und ich gezwungen bin, heimlich und ohne deren Wissen meinen Wunsch zu erfüllen. Nur in der Wohnung meines ältesten Bruders ist es möglich und dahin muß ich Sie bitten zu kommen. Er und seine Frau werden für Alles sorgen, auf deren guten Willen und Verschwiegenheit dürfen wir uns verlassen.“

Sophies Vertrauter war ihr Bruder Ludwig, der gegen den Willen des bayerischen Königs und des herzoglichen Hauses die bürgerliche Schauspielerin Henriette Mendel geheiratet hatte, mit der er bereits eine uneheliche Tochter besaß. Wegen dieser unstandesgemäßen Heirat hatte er auf sein Erstgeburtsrecht und auf einen beträchtlichen Teil seines ihm eigentlich zustehenden Vermögens verzichten müssen.

Am 14. März schrieb Sophie Richard Wagner nähere

Einzelheiten über das Geheimteffen: „Verehrter Freund! Wegen unserer Zusammenkunft habe ich mit meinem Bruder Alles genau besprochen und ich hoffe, mit Vorsicht wird der Plan gelingen. Ist Ihnen Samstag um 1 Uhr eine gelegene Zeit, so bitte ich Sie, möglichst pünktlich in der Kanalstraße 33 einzutreffen. An der Haustüre wird Sie meine Schwägerin erwarten und Sie in ihre Wohnung führen, woselbst ich mich etwas später einfinden werde. Nur muß ich Sie inständig bitten, ja nicht den Wagen Ihres Gasthofes zu benützen, sondern in einer Droschke zu fahren und diese augenblicklich nach Ihrer Ankunft an dem bewußten Hause fortzuschicken. Mein Bruder wird dafür sorgen, daß Sie wieder abgeholt und in den Gasthof gefahren werden. Wie muß ich es beklagen, daß nur auf solche Art ein Kennenlernen möglich ist, wie viel lieber würde ich Sie in meinen Zimmern begrüßen; aber da dies durchaus nicht sein darf, so füge ich mich in das Unvermeidliche und freue mich, daß es überhaupt möglich ist, den Freund zu sehen und zu sprechen!“

Die Begegnung wurde dann kurzfristig noch um eine halbe Stunde vorverlegt, wobei Wagner offenbar überpünktlich und etwas zu früh am Hause von Herzog Ludwig vorgefahren war: Von der angekündigten Schwägerin war nichts zu sehen. Um nicht aufzufallen, verschwand er sogleich im Haus und klingelte an der Wohnungstüre. Es öffnete jedoch weder die Schwägerin, noch Sophies Bruder, sondern deren Tochter Maria in äußerst faschingsmäßiger Aufmachung: sie hatte sich aus Langeweile die größte Krinoline ihrer Mutter angezogen, ihren gewaltigsten Hut aufgesetzt, um in dieser Verkleidung mit einem großen grünen Schirm mit silbernen Fransen vor dem Spiegel auf und ab zu

„Sekretärin" Cosima von Bülow und Richard Wagner.

marschieren. „Plötzlich erklang die Hausglocke, und in der Vermutung, es sei meine Erzieherin, eilte ich selbst an die Türe, öffnete sie – und stand Wagner gegenüber. Damals freilich wußte ich nicht, wer er war. Ich entsinne mich seiner noch genau eines kleinen Mannes mit einer großen Nase, der höflich in breitem sächsischen Dialekt fragte: ‚Wohnt hier der Herzog von Bayern?' Ich verbeugte mich und sagte voll Keckheit: ‚Bitte herein zu spazieren!'" Nun glaubte das Töchterchen Maria, der Besucher wäre „Papas Schneider" und bat ihn, im Salon zu warten. Daraufhin klingelte es erneut und die Erzieherin war erschienen. Artig sagte ihr Maria, daß sie Papas Schneider hereingelassen und ihn in den Salon geführt habe, worauf diese meinte: „Er kann warten." „Kein Laut drang aus dem Zimmer, in dem Wagner saß, mit Geduld umgürtet. Doch als meine Mutter nach Hause kam und ich ihr die interessante Mitteilung machte, daß ‚Papas Schneider im Salon sitze', ging sie spornstreichs selbst nachsehen und fiel fast in Ohnmacht vor Schreck, als sie Richard Wagner erkannte. Bald darauf traf meine Tante mit ihrer Hofdame ein; ich glaube, die Begegnung verlief sehr angeregt", wie sich Maria Freiin von Wallersee 1913 in ihren Memoiren erinnerte.

Bei dieser „sehr angeregten" Begegnung wurden gewiß nicht nur Höflichkeiten ausgetauscht. Wagner stand einer 20jährigen Frau gegenüber, die für den schönen, erotischen jungen König schwärmte, aber auch schon die Abgründe entdeckt hatte, die Ludwig von ihr trennten: „Meiner Sophie bleibe ich treu bis zum Tod, bis in den Tod aber bleibe ich Ihnen treu, Herr meines Lebens; Sophie weiß es, weiß, daß mit Ihrem Tode auch meine Lebensfrist verstrichen ist. O wie sie mich beglückt und mit gerechtem Stolz erfüllt, meine Sendung, wie selig bin ich, der Erkorene zu sein! Diese feierliche Todesweihe, sie umgibt mit heiligem Verklärungsschein die irdischen Dinge, so daß ich in ihnen Himmelswonnen erschauen darf." Wie sollte Sophie diese „Sendung" verstehen, wie erklärt sich Wagner die Verbindung seines Todes mit dem ihres künftigen Gatten? Bei aller Begeisterung für Wagners Kunst und sein „merkwürdiges Geschick" ist dem König in seinen Todesahnungen da schwer zu folgen – was meint Wagner hier zu solchen Reden?

Wagner wußte, daß es keine leichte Unterhaltung werden würde, er wußte auch, daß er mit Sophie eine andere Sprache sprechen muß als mit dem König. Was er von Sophie über Ludwig und die zurückliegenden Ereignisse erfuhr, ließ ihn Schlimmes ahnen. Hätte er nämlich eine glückliche Braut angetroffen, dann hätte gerade Wagner daraufhin ein wahres Feuerwerk von Jubelsprüchen auf Ludwig und seine Braut losgelassen und in schicksalsschweren Vergleichen das holde Glück der beiden Auserwählten besungen. Hätte Wagner auch nur einen Hoffnungsschimmer für eine baldige Hochzeit gesehen, dann hätte er „Meistersinger" ausgerufen, denn „dieses Werk zu Ihrer Vermählung so zusammentreffend, ist einer von den Zufällen, die nur Gottgesandten zutheil werden!" Wagner aber verließ das Haus in der Kanalstraße „tief ergriffen". Seine schwersten Befürchtungen hatten sich bestätigt, da war nicht mehr viel Hoffnung: „Ich komme daher, wo ich tiefe Blicke in Ihr Schicksal tun konnte", schrieb er gleich darauf im „Bayerischen Hof" dem König. „Von Ihrer theuren Erwählten bin ich tief ergriffen. – Mein holder König! Zum ersten Male – seit nun Ihr Schicksal zu dem Meinigen geworden ist, blickte ich in ein Menschenauge, aus dem die selige, aber sorgenvolle Liebe um den Herrlichen in tief beredten Zügen zu meiner Seele sprach." Nach ein paar Komplimenten für die Braut folgt gleich noch einmal die Feststellung „tief ergriffen" zu sein und der wenig hoffnungsfroh vorgetragene Wunsch „o könnten Sie sich Ihr bald, ganz bald vereinigen!"

Das Geheimtreffen blieb natürlich nicht geheim. Die undichte Stelle wurde nie gefunden. In dem eben erwähnten Brief instruierte Wagner den König daher auch gleich, wie den nun zu erwartenden Gerüchten zu begegnen sei, nämlich: Abstreiten und den Verleumdern harte Strafe androhen: „Die Absicht der erhabenen Braut, mich ohne Zeugen sehen zu wollen, ist bereits vor Ausführung ins Publikum gedrungen. Wir sind überein gekommen, dem unverschämten Gerücht, falls es sich in die Öffentlichkeit drängte, die kathegorische Ableugnung entgegenzusetzen. Bitte Theuerster, gebieten Sie dem Ministerialrath Lutz, welcher sich für seine alten Freunde verwandt, bei Strafe Ihrer Ungnade, falls er davon weiß (und er weiß gewiß), das strengste Geheimnis zu bewahren!"

Am Tag darauf, dem 17. März, war Wagner erneut beim König, der ihm als Abschiedsgeschenk noch mit 12000 Gulden unter die Arme griff. Wagner war bei dieser Begegnung von „physiognomischen Veränderungen" Ludwigs derart irritiert, daß er diese seltsame Beobachtung in seinen Annalen vermerkte. Nachdem Wagner auch noch mit Fürst Hohenlohe-Schillingsfürst eine Unterredung über die politische Lage absolviert hatte, trat er den Rückweg in die Schweiz an. Dort begann er in Triebschen in aller Ruhe die Meistersinger zu instrumentieren, wohl ahnend, daß er sich jetzt dazu viel Zeit lassen konnte.

„Ich habe mich übereilt"

Die Münchner Bürger, ebenso wie die übrige Bevölkerung Bayerns bekamen vom jungen Königsbrautpaar nicht viel zu sehen, „es zeigte sich selten auf der Straße, im Theater, bei Festen. Einmal auf einem Balle im Max-Joseph-Stifte". Ludwig ließ schließlich keine Gelegenheit ungenützt, um aus seinem ungeliebten München und seiner Bräutigamrolle zu entfliehen: Mit seinem Bruder Otto verschwand er für länger Zeit nach Eisenach, dann standen die Osterfeiertage vor der Tür. Für Ludwig war dies wiederum ein willkommener Anlaß, sich für längere Zeit unsichtbar zu machen, je weiter weg, um so besser: Zusammen mit seiner Mutter gedachte er sich für einige Wochen nach Italien abzusetzen, um neben ausgedehnten Ausflügen in den Süden des Landes bei dieser Gelegenheit auch seinen Großvater Ludwig I. in Rom zu besuchen, „so daß die Abwesenheit des Königs voraussichtlich sechs Wochen betragen wird", wie die Neuesten Nachrichten am 8. April 1867 den Münchnern mitteilten. Doch Ludwigs Vorfreude, sechs Wochen lang nichts mehr von Verlobung, Braut und Hochzeit hören zu müssen, hielt nicht lange an, denn „die sich ernster gestaltenden politischen Verhältnisse" ließen Ludwigs schönen Osterspaziergang platzen.

Trotz dauernder Abwesenheit und hektischer Reisetätigkeit bewahrte Ludwig nach außen hin den Anschein des besorgten Bräutigams: Er ließ die Vorbereitungen zur Hochzeit, deren genauer Termin noch unbekannt war, in vollem Umfang anlaufen. In die Residenz zogen Maurer und Zimmerleute ein, Vergolder und Tapezierer, Schreiner und Maler, um die Hofgartenzimmer als Wohn- und Repräsentationsräume der künftigen Königin umzubauen. Sie waren übrigens räumlich weit von Ludwigs eigenen Zimmerfluchten entfernt, die er auch nach der Hochzeit beibehalten wollte. Auch die Aussteuer wurde genäht und gewebt, wobei die Brokate auf Ludwigs Geheiß sinnigerweiße Lohengrin-Szenen als Muster tragen sollten. Medaillen mit dem Doppelportrait von Ludwig und Sophie wurden geprägt, Gedenkblätter mit den Profilen des Königs und der neuen Königin von Bayern wurden gedruckt, um an die denkwürdige Hochzeit zu erinnern. Ein Märchen dieser Märchenhochzeit bis in unsere Tage blieb jedoch die „Hochzeitskutsche", die Ludwig II. angeblich für über eine Million Gulden habe bauen und einmal „zur Probe" durch die Stadt donnern lassen. Zur Hochzeit vorgesehen war nämlich ein schon vorhandenes Prachtgefährt: Der in Paris gebaute sogenannte „Kaiserwagen", mit dem Kurfürst Karl Albrecht am 12. Februar 1742 zu seiner Kaiserkrönung gefahren war. Daß man diese 125 Jahre alte Kutsche einmal eine Proberunde drehen ließ, ist durchaus verständlich. Trotzdem verschlangen die Hochzeitsvorbereitungen so viel Geld, daß diese enormen Kosten vom königlichen Hof im März 1868 als Begründung angeführt wurden, das geplante Festspielhaus Richard Wagners im Augenblick nicht finanzieren zu können. Sogar der Architekt Gottfried Semper wartete vergeblich auf sein Honorar, so daß ihm letzten Endes nichts anderes übrigblieb, als es gerichtlich einzuklagen.

Seiner Braut gegenüber bewahrte Ludwig den Schein eines besorgten Verlobten, wenngleich er „die Braut nur alle 14 Tage in Possenhofen vom gegenüberliegenden Berg aus" besuchte. Aus heiterem Himmel tauchte er dabei auf, überreichte gigantische Blumenbouquets und

„kleine Artigkeiten“, war aber heilfroh, wenn er den mißtrauischen Blicken der herzoglichen Familien wieder entkommen war. „Wäre niemand in Possenhofen als Du und Gackel, dann käme ich auch recht gerne und oft. So muß man immer eines Überfalls gewärtig sein“, hatte Ludwig schon im vergangenen Jahr geschrieben. Und jetzt als Verlobter war er erst recht nicht zu beneiden: Hinter jeder Hecke, unter jedem Busch hatte Ludovica ihre „Königswachen“ postiert, wie damals im Volksmund die Hofdamen, Adjutanten, Gärtner und Lakaien hießen, die bei den Besuchen des Königs das junge Paar beschatten mußten. Aber nicht, um die Prinzessin vor einem unsittlichen Überfall ihres Verlobten notfalls zu beschützen, sondern um Ludovica über das Fortschreiten ihres Heiratsplanes auf dem laufenden zu halten.

Andererseits: Hätte Ludwig seine Verlobte wirklich unter vier Augen sehen wollen, so wäre dies für den König von Bayern wirklich kein Problem gewesen, und Ludovica hätte in diesem Falle gewiß frohlockt! So aber kamen die „Königswachen“ dem Frauen gegenüber total verklemmten Ludwig wie gerufen, er konnte Sophie gegenüber die ihm angenehme Distanz bewahren und brauchte „die liebliche Braut nur auf die Stirne zu küssen“. Angesichts der artig versteckten Voyeure „blieb er oft lange in ihrem Blick versunken und wußte nichts zu sagen als: ‚Du hast so schöne Augen‘, wie Gottfried von Böhm als Zeitgenosse Ludwigs aufschrieb und weiter bemerkte: ‚Lange gab sich die Herzogin der Hoffnung hin, dem König etwas sein zu können.‘ Aber sie sah sich zuweilen außerstande, seinen Schwärmereien zu folgen, denn seine Ansprüche waren oft sehr merkwürdige – wie sie später sagte“.

Und merkwürdige Ansprüche hatte Ludwig fürwahr:

König Ludwig II. und sein Operngünstling Heinrich Vogl: Gegen den Willen Richard Wagners besetzte er Lohengrin um . . .

. . . und ließ den schlanken Vogl die Titelpartie singen. Josef Tichatschek war dem König einfach zu dick!

„Eines Abends erschien er von einem Herrn begleitet, der die Krone der Königin aus der Schatzkammer mitgebracht hatte. Der König setzte sie ihr auf. Nach dem Weggehen fiel sie ihrer Hofdame, der Baronin Sternbach weinend um den Hals und brach in die Worte aus: „Er liebt mich nicht, er spielt nur mit mir!“ Ludwig wollte einfach einmal sehen, wie Sophie als Königin aussähe – wie er ja auch bei anderen Gelegenheiten ein auf optische Reize äußerst empfindlicher Mensch war, der dem Aussehen und Erscheinungsbild der Personen den allergrößten Wert beimaß. Aus diesem Grunde kam es auch im Juni 1867 zu einem neuen Krach zwischen Ludwig und Richard Wagner. Für die Lohengrin-Neuinszenierung hatte Wagner als Titelhelden seinen alten Dresdener Freund Josef Tichatschek engagiert. In der berechtigten Ahnung, daß sein holder König mehr auf den Körperbau als auf die Stimme schaut, warnte Wagner Ludwig vorsichtshalber, daß Tichatscheks Gesang einem „Dürer'schen Gemälde, aber seine äußere Erscheinung einem Holbein'schen Bilde“ gleiche. Doch alles vergeblich: „Meine Mahnung beachteten Sie nicht: Sie richteten das mit doppelten Ferngläsern bewaffnete Auge auf ihn; unmöglich konnte er diese Prüfung bestehen: die unerläßliche Täuschung schwand“, wie Wagner nach der Vorstellung schrieb. Ludwig hatte nach der Generalprobe Josef Tichatschek einen „Ritter von trauriger Gestalt“ genannt, befohlen, ihn zu entfernen und eigenmächtig eine Umbesetzung für die Premiere vorgenommen. In dieser sang dann auf Geheiß des Königs Heinrich Vogl den Lohengrin. Richard Wagner war daraufhin zutiefst verschnupft in die Schweiz abgereist, wohlwissend, daß er durch den Entzug seiner Anwesenheit den König am härtesten treffen würde.

Am 21. Juni berichtete der König Wagner, daß er sich „nach dem unruhigen Treiben des Tages" – er meinte die Fronleichnamsprozession in München – „nach dem abgeschiedenen trauten Hochkopf" zurückgezogen habe, „wo ich auflebe in wonniger Einsamkeit, fern der Welt, die stets mich verkennt und mit der ich mich nie und nimmer befreunden kann und will". Der weltferne bayerische König war in die wonnige Einsamkeit des trauten Hochkopfes geflohen, weg aus München und der ständigen Erinnerung an die bevorstehende Hochzeit, von der er immer weniger wissen wollte: „In der That kursierte bald der Ausspruch ‚Ich habe mich übereilt!'"

Aber Ludwig hatte sich nicht nur „übereilt", sondern im Sommer 1867 längst erkannt, kein Eheleben führen zu können. Diese Erkenntnis lastete „wie eine Alp" auf ihm, „folterte" ihn „fürchterlich", verfolgte ihn „wie ein düsterer Traum", er fühlte sich wie in einer „lebensgefährlichen Krankheit", wie er am 19. Oktober Richard Wagner gestand. Doch dieser Leidensdruck war um diese Zeit noch nicht so groß, als daß sich Ludwig zu einer Entscheidung hätte durchringen können: „Wenn ich nun alle Vorbereitungen zur Hochzeit treffen ließ, (mit) dir darüber redete und schrieb, sie hinausschob und doch nicht aufgeben wollte, so geschah dies durchaus nicht, um Dich anzuführen . . . O nein, hintergehen wollte ich Dich nicht, ich handelte im festen Glauben, es würde alles zu einem befriedigenden Ende führen", wie er später seiner Braut Sophie gestand. Doch genauso wie im Jahr zuvor der gute Wille Ludwigs zum Frieden den Krieg Bayerns gegen Preußen nicht verhindern konnte, ebensowenig genügte jetzt der „feste Glauben zu einem befriedigenden Ende", um das anstehende Heiratsproblem zu lösen.

König Ludwig II. im Krönungsmantel, Gemälde von Ferdinand Piloty.

Ludwig II. im Atelier seines Hofphotographen Joseph Albert.

„Mein armer König!"

„Warum mußte ich dich kennen lernen, nun da meine Freiheit in Fesseln geschlagen ist?" schrieb Prinzessin Sophie Charlotte am 23. Juli 1867 an Edgar Hanfstaengl. Drei Tage nach ihrer Verlobung hatte sie ihn zum ersten Mal gesehen, als sie sich von seinem Vater Franz Hanfstaengl photographieren ließ. In der Zwischenzeit waren sie sich mehrmals begegnet, da Edgar der Lieferant der zahlreichen Nachbestellungen der Verlobungsbilder war. Und nun hatte sie sich in ihn verliebt und er sich in sie.

Edgar Hanfstaengl war ein blendend aussehender Junggeselle von 25 Jahren, er hatte eine Ausbildung als Handelskaufmann in Stettin und London hinter sich sowie einen längeren Aufenthalt als Kontorist beim Teehandelsunternehmen Clark in China. Seit 1867 war er der Prokurist des väterlichen Kunstbetriebes, den er 1868 als alleiniger Besitzer vom Vater übernahm. Edgar Hanfstaengl, ein mit Humor und Lebenslust gesegneter junger Mann, auf dem Boden irdischer Bedürfnisse und Ansprüche stehend, war die Ungezwungenheit und Natürlichkeit in Person, er konnte seine Gefühle ehrlich zeigen und verfügte auch über einen Gesprächshorizont, der weit über die mystische Welt Richard Wagners hinausreichte.

Die größte Schwierigkeit für Sophie war, daß sie ständig von ihren Hofdamen begleitet wurde, was ein ungehindertes Zusammentreffen mit Edgar so gut wie unmöglich machte. Der einzige Weg war, wenigstens eine ihrer Begleiterinnen in ihr Geheimnis einzuweihen mit der Hoffnung, in ihr eine Verbündete zu finden. Zu Hilfe kamen ihr zwei Vertraute: Die eine war ihre

Hofdame Baronin Nathalie Sternbach, die zweite war deren Freundin und weitverwandte Cousine Edgars, Antonie von Kaan, auch „Toni“ genannt. Letztere war die Schwester von Norbert Pfretzschner, der mit Katharina Hanfstaengl verheiratet war, einer Schwester von Edgars Vater Franz Hanfstaengl. Ludwig II. – Biograph Gottfried von Böhm meinte zwar, daß „die von Niemanden bezweifelte vollkommene Ehrhaftigkeit der beiden damaligen Hofdamen des herzoglichen Hauses laut dagegen“ gesprochen habe, daß sich die jungfräuliche Prinzessin in einen Flirt mit einem Photographen hätte einlassen können. Trotzdem, Nathalie organisierte eines der ersten, wenn auch noch nicht völlig einsamen Treffen der beiden Verliebten: Ziel war das von Possenhofen nicht weit entfernt gelegene Hochschloß Pähl, der Landsitz der Familie Hanfstaengl. Vater Franz war schließlich ein alter Bekannter von Vater Herzog Max, und ein Ausflug mit Sophies Bruder und ihren Hofdamen dorthin war demnach ganz unverfänglich. Einer der wenigen von gesellschaftlichen Verpflichtungen freien Tage der Prinzessin mußte gewählt werden, so daß auch schon die Befürchtung geäußert wurde, „ob es je wieder geht“. Auf den Herrn Verlobten brauchte keine Rücksicht genommen werden, denn Seine Majestät hatte sich in diesen Tagen auf seinen trauten Hochkopf zurückgezogen, um in wonniger Einsamkeit fern der Welt neue Kräfte zu schöpfen.

Das Treffen sollte am 27. Juni 1867 stattfinden. Doch vorher mußte noch ein anderes Problem gelöst werden: Der Hausherr Franz Hanfstaengl mußte unabkömmlich gemacht werden, denn als charmanter und höflicher Gastgeber hätte er sich schließlich ständig um die künftige bayerische Königin gekümmert, was ja nicht

Edgar Hanfstaengl (1842–1910), Photographie um 1867.

Herzogin Sophie Charlotte 1867 im Atelier Hanfstaengl.

gerade der Sinn des Unternehmens war. So scheint ihn Edgar irgendwie im Münchner Geschäft festgenagelt oder ihn gar mit vorsichtigen Andeutungen von seinem Wunsch in Kenntnis gesetzt zu haben. Als „Mittelsmann“ zwischen Sophie, Nathalie und Edgar fungierte dessen Cousine Toni, die über Nathalie am 26. Juni 1867 folgende schriftliche Anweisung ihrer Prinzessin für das schicksalshafte Rendezvous überbrachte:

„Poßenhofen den 26/6 67

Liebste Toni!

In aller eile thue ich Dir kund, was Prinzeßin Sofie Dir sagen läßt, sie hätte vor, morgen Donnerstag den 27.d. nach Hochschloß zu kommen, u. zwar wollen wir in der Frühe um 7 Uhr von hier fortfahren, u. beiläufig um 9 Uhr in Hochschloß sein. Ich sage 9 Uhr da ich glaube wir werden nicht so pünktlich um 7 Uhr fortkommen. Ich soll Dir sagen, daß Prinzeßin Sofie von ihrem Bruder Herzog Carl kutschiert wird, u. von Angèle Marogna u. mir begleitet wird. Sonst kommt Niemand mit. Ich hoffe daß Du jedenfalls oben bist und ferner noch der liebenswürdige Vetter Edgar, dessen Gegenwart auch sehr gewünscht wird.

Könntest Du es nicht machen, daß ihr beide alleine oben seid; ich will Dir sagen warum, geht Dein Onkel auch mit hinauf, so wird er natürlich stets an der Seite meiner Prinzeßin wandeln wollen, um ihr die honneurs zu machen, nun kannst Du Dir leicht vorstellen, daß sie doch noch lieber mit Deinem hübschen Cousin geht, auch hat er mich so gebeten, in Hochschloß die honneurs machen zu dürfen. Richte es ein, daß es Deinen Onkel nicht verdrießt, daß er nicht oben sein soll, denn die Prinzeßin ist ihm sonst sehr gewogen u. möchte ihn nicht beleidigen.

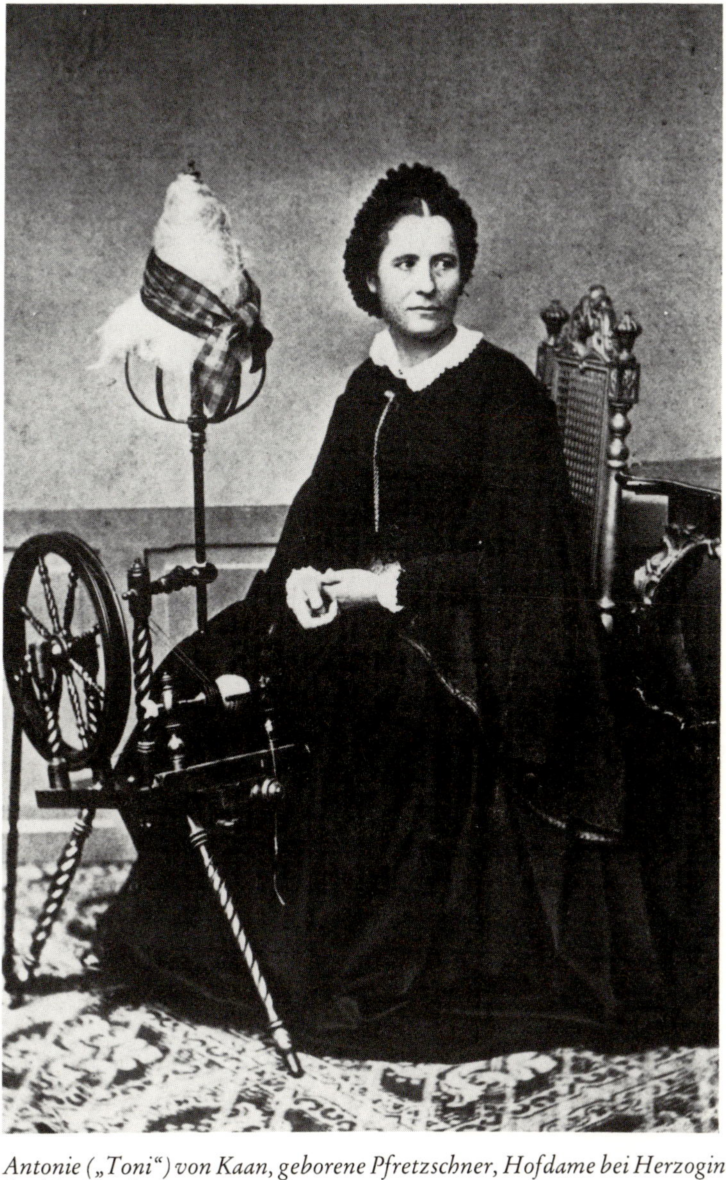

Antonie („Toni") von Kaan, geborene Pfretzschner, Hofdame bei Herzogin Sophie Charlotte.

Hochschloß Pähl am Ammersee.

Ihr zwei solltet also eigentlich heute Abend hinaufgehen, da wir so früh hinaufkommen. Diesen Brief bekommst Du um ½ 3 Uhr also kannst Du heute noch leicht mit Edgar hinauf. Ich sage Dir nur, daß es sehr schwer ging diese Partie zu arrangiren, u. daß, wenn es Morgen nicht dazu kommt, ich nicht weiß, ob es je wieder geht. Also seid nur gewiß oben; vielleicht könnt ihr noch morgen früh, weil wir erst um 9 Uhr zu Euch kommen.

Auf Wiedersehen Deine N."

Obwohl „diese Partie schwer zu arrangiren" war, klappte sie mindestens noch ein zweites Mal: Drei

Wochen später finden sich im Gästebuch von Schloß Pähl die Namenszüge der Teilnehmer des Ausfluges vom 27. Juni:

„Sophie Charlotte Herzogin in Bayern 16. Juli 1867
Nathalie Baronin Sternbach
Herzog Carl
Angèla Gräfin Marogna“

Der Funke war übergesprungen und hatte zwischen Sophie und Edgar Hanfstaengl ein loderndes Feuer entfacht. Ludwig II. aber hatte nicht die geringste Ahnung, was seine Verlobte für ihren „armen König“ inzwischen empfand, daß sie den Tag ihrer Trauung mit ihm längst verdammte und den Mann gefunden hatte, den sie von Herzen liebte. Ludwig II. war zu dieser Zeit längst wieder auf der Flucht vor seiner Residenz, seinen Ministern und vor seiner Braut. Die Weltausstellung in Paris war sein Ziel, bei der sich als Ehrengäste zwölf Kaiser und Könige eingefunden hatten. Auch Ludwigs Großvater, der 81jährige König Ludwig I. hatte die weite Reise nicht gescheut und war unter dem Decknamen „Graf von Spessart“ von Wien nach Paris gefahren. Der greise Monarch war damals bereits völlig taub, was oft zu Peinlichkeiten führte, wie während eines Empfangs bei Napoleon III. Als ihn der Kaiser fragte, ob er ihm seine Minister vorstellen dürfe, sagte Ludwig I.: „O, das würde mich tödlich langweilen!“

Auch Ludwig II. wollte unter strengstem Inkognito reisen, und machte sich als „Graf von Berg“ auf die Fahrt. Doch die französischen Journalisten waren schneller: Bereits zwei Tage vor seiner Ankunft meldete der „Moniteur“ das baldige Eintreffen des bayerischen Königs einschließlich seines Pseudonyms . . . In Paris bummelte er dann stundenlang durch das Gelände der

Weltausstellung, dinierte bei Napoleon III. und saß jeden Abend in der Oper. Er sah in der Opéra comique „Mignon“ und „Die Afrikanerin“ von Meyerbeer, und als er am 23. Juli im Theâtre lyrique gerade den Klängen von Gounods „Romeo und Julia“ lauschte, trieb in München die Romanze seiner Braut mit Edgar ihrem ersten Höhepunkt zu. Am selben Abend schrieb Sophie Charlotte an ihren heimlichen Geliebten:

„Theurer, Liebster Freund

Wie glücklich war ich als mir N. heute Ihren Brief überreichte u. (–) soll das werden? (–) mir das Herz Hoffnung gibt es keine für uns. Was bleibt uns – Entsagen. Mit Schauder blick ich in die Zukunft, der Tag meiner Trauung steht wie ein schwarzer Schatten vor meiner Seele, ich möchte entfliehen vor dem unbarmherzigen Schicksal! Warum mußte ich dich kennen lernen nun da meine Freiheit in Feßeln geschlagen ist? – Ich liebe dich so innigst, mein Edgar, wenn du bei mir bist, da kann ich es dir nicht so sagen, wie tief dein liebes Bild in meinem Herzen ruht, so tief, daß ich so schmählich alle Pflichten gegen meinen armen König vergaß! – Bemühe ich Sie zu versichern, daß Ihre Zeilen wohl bewahrt werden, die Welt soll nie ahnen, was zwischen uns vorgeht, soll niemals lieblos über Sie urtheilen. –

Leben Sie wohl! Leb wohl, mein Edgar – ich komme morgen auf wenige Stunden in Geschäften in die Stadt. Könntest du bis ½ 6 Uhr in das Palais kommen, bitte nicht früher, weil bis zu dieser Stunde Leute bei mir sind. Mit dem letzten Zuge fahre ich wieder hieher. Die Zeit ist wohl kurz gemessen aber wir müßen damit zufrieden sein. Deine S.C. Vergiß mich nicht. 23. July 67“

(Die anfangs in Klammern gesetzten Stellen beinhalten etwa 12 nicht mehr zu entziffernde Worte, die mit

„N" abgekürzte Überbringerin des Briefes war Nathalie Sternbach.)

Sophie und Edgar waren sich von Anbeginn ihrer Zuneigung der Aussichtslosigkeit ihrer Situation bewußt: Ihr Standesunterschied ließ eine derartige Beziehung einfach nicht zu, was aber Sophie nicht hinderte, sich so oft als möglich mit Edgar zu treffen. Ein Problem anderer Art wurde inzwischen Edgars Cousine Toni, die das Pähler Treffen mit eingefädelt hatte, über dessen Folgen sie aber offensichtlich im unklaren gelassen wurde. Sophie machte sich um sie und ihre Verschwiegenheit Sorgen, die sie in folgendem Brief vom 27. Juli 1867 auch ansprach:

„Lieber Theurer Freund

Die Zeit unseres Zusammenseins war letzthin so knapp daß sehr Vieles ungesagt blieb. Nathalie ist über das vollständige Verstummen Ihrer Cousine Toni sehr beunruhigt u. sie glaubt sicher Letztere fühle sich gekränkt, daß man ihr über Alles in Hochschloß vorgefallene nicht das Geringste mittheilte. Sie ist nun mißtrauisch u. hat leider selbst genug bemerkt um bestimmt zu schließen, daß zwischen Ihnen und mir ein Einverständnis waltet, in welches auch Nathalie eingeweiht ist. Ich glaube es ist da Nichts zu thun, als ihr, die es ja wirklich gut mit uns meint, das Nöthigste einzugestehen aber bitte ja nicht mehr als das Allernötigste. Nathalie schreibt ihr heute einige Zeilen, sie zu bitten hieher zu kommen, u. bitte seien auch Sie ganz ungezwungen u. freundlich mit ihr, und ersuche ich Sie dringend mit Toni über die Sache nicht eher zu sprechen, als bis sie von Poßenhofen zurück gekehrt ist. Ich nehme mir vor, Toni nur zu sagen, daß Sie in dem schönen Hochschloß, wo wir so Viel zusammen waren, sich mir offen ausgespro-

chen hätten. Nähere Details bleiben unter uns. So gerne wüßte ich, wie es Ihnen geht, u. ob Sie an mich denken. Sehen wir uns auch nicht so bald wieder, so vergeht doch kein Tag, der uns nicht in Gedanken vereint. Innigstes Lebewohl u. tausend, tausend Grüße.
Sophie Charlotte – Poßenhofen 27. July 67"

Unmittelbar darauf kam es erneut zu einer Begegnung, jedoch nicht in der ungezwungenen Atmosphäre hoch über dem Ammersee, sondern unter Umständen, unter denen Sophie ihren „leidenschaftlichen Gefühlen Zwang anthun" mußte – vermutlich im Palais ihres Vaters in der Ludwigstraße. Hatte Edgar dabei die Situation verkannt? Wurden ihm die Geheimniskrämerei, das ewige Versteckspielen und die konspirativen Begegnungen zuviel? Seine Gefühle gingen nun jedenfalls mit ihm durch, er hielt es in München nicht mehr aus, er brauchte Luftveränderung. Coburg war seine Zuflucht, und irgendein geschäftlicher Vorwand zu dem mit seinem Vater freundschaftlich verbundenen herzoglichen Hof in Coburg wird sich wohl gefunden haben. Dort empfing er am 2. August folgenden Brief von Sophie, den er laut handschriftlichem Vermerk tags darauf beantwortet hatte:

„Mein theurer, lieber Freund.

Mit schwerem Herzen richte ich diese Zeilen an Sie, denn alles was mir Toni erzählte hat mich namenlos betrübt. Warum liebster Edgar haben Sie mein Benehmen so verkannt? Ist es nicht aus Liebe, daß ich meinen leidenschaftlichen Gefühlen Zwang anthat? O Edgar, vor Allem bitte ich Sie inständig, kommen Sie bald wieder zurück, jede Stunde bin ich bereit Sie zu sehen – gewiß wenn wir wieder beisammen sind wird es beßer werden. An meiner treuen Liebe dürfen Sie nie, nie zweifeln – ich habe in diesen Tagen unsagbar gelitten u. weder Toni noch Nathalie haben die leiseste Ahnung, wie es um mich steht. Schriftlich kann ich Ihnen nicht Alles sagen – ich habe das Herz so voll, als müßte es zerspringen. Ich kann nicht weiter! O Edgar, warum sind Sie heute fort, wo Sie mich hier wissen? Leben Sie wohl! Meine einzige Bitte ist, daß Sie baldigst zurückkehren u. wenn du mich liebst, sei ruhig u. vernünftig bis wir uns wiedersehen.

Ewig Ihre S.C. Bitte einige Zeilen, ich liebe dich so innig."

Solche Briefe bargen natürlich das große Risiko in sich, von Unbefugten entdeckt zu werden – eine Gefahr, die nach der damals noch zu erwartenden Hochzeit mit Ludwig II. um so größer war. So ist es verständlich, daß manche an Edgar überbrachten Briefe von der Botin wieder mitgenommen oder vernichtet wurden, nachdem sie von Edgar gelesen waren. Ein Beispiel dafür ist die Abschrift eines solchen Briefes vom 13./14. August 1867, in der sowohl die Datierung gegenüber dem ursprünglichen Schreiben vertauscht als auch die Anrede mit einem unverfänglichen Vornamen versehen wurde. Daß es sich bei dem Brief tatsächlich um ein Schreiben Sophies handelt, beweist eine handschriftliche, verschlüsselte Notiz von Edgar Hanfstaengl.

Zunächst jedoch ein Brief seines Vaters Franz, der um den 10. August auf dem Weg nach Schloß Pähl Prinzessin Sophie und deren Mutter Ludovica auf dem Bahnhof getroffen hatte. In dem Brief ist von einer Photographie des Erbprinzen Taxis die Rede, die für Edgar daraufhin der Anlaß war, Sophie in Possenhofen aufzusuchen, was in der verschlüsselten Notiz ebenfalls erwähnt ist. Franz Hanfstaengl schrieb also seinem Sohn:

Brief von Sophie Charlotte an Edgar Hanfstaengl vom 23. Juli 1867, Seite 1.

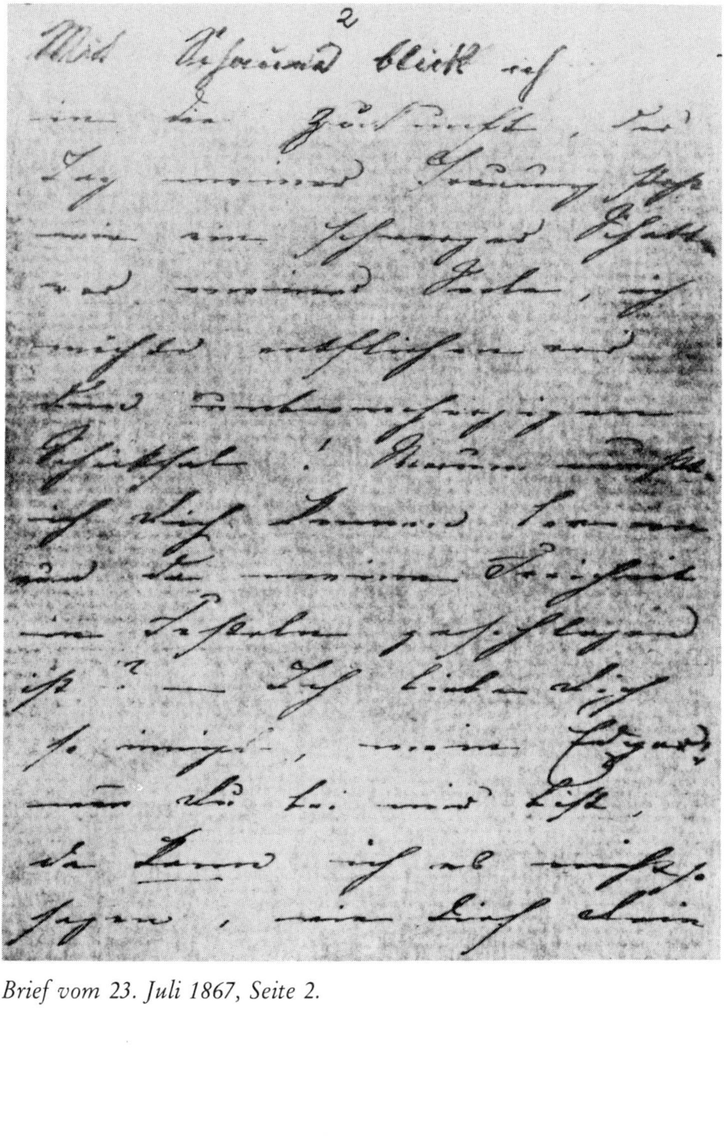

Brief vom 23. Juli 1867, Seite 2.

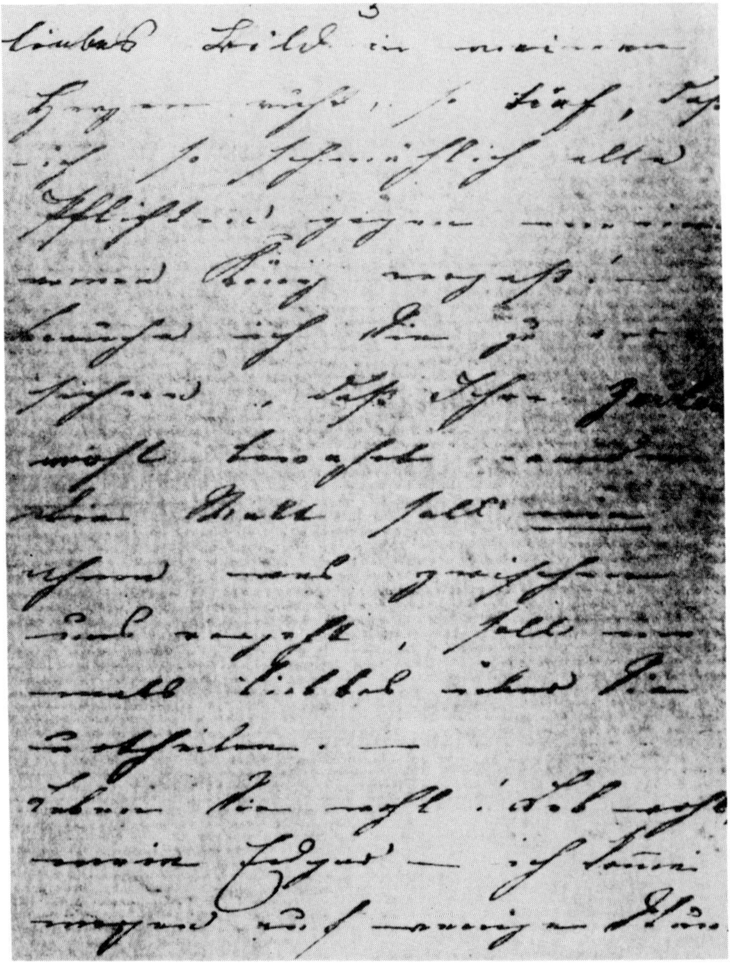

Brief vom 23. Juli 1867, Seite 3.

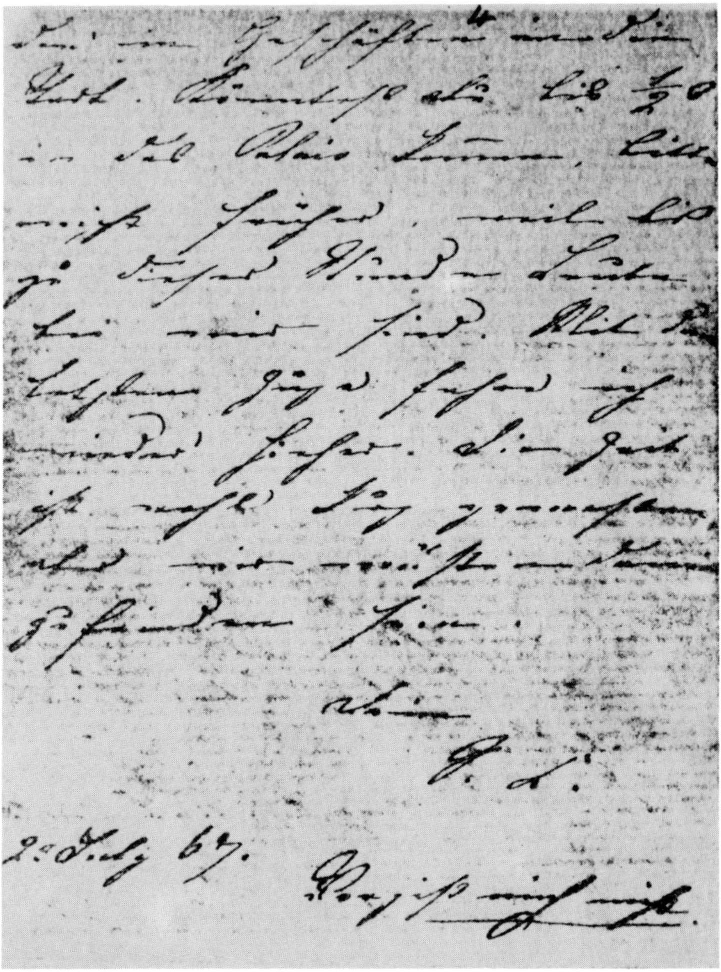

Brief vom 23. Juli 1867, Seite 4.

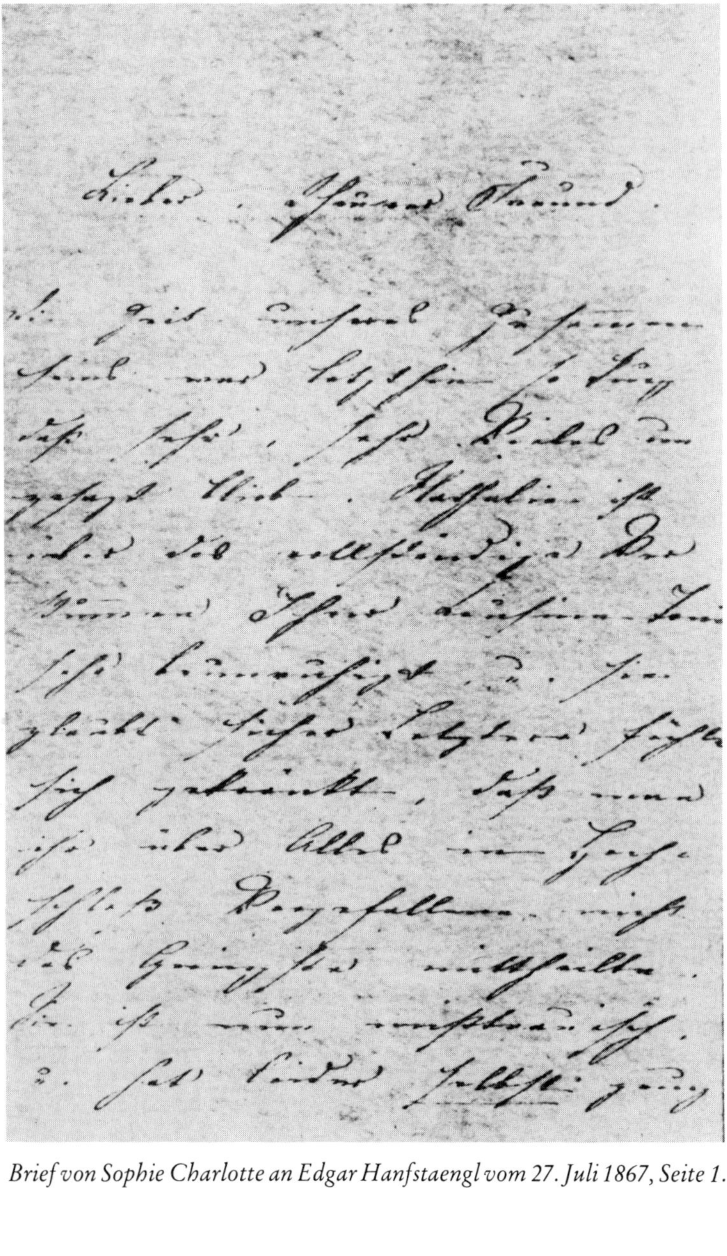

Brief von Sophie Charlotte an Edgar Hanfstaengl vom 27. Juli 1867, Seite 1.

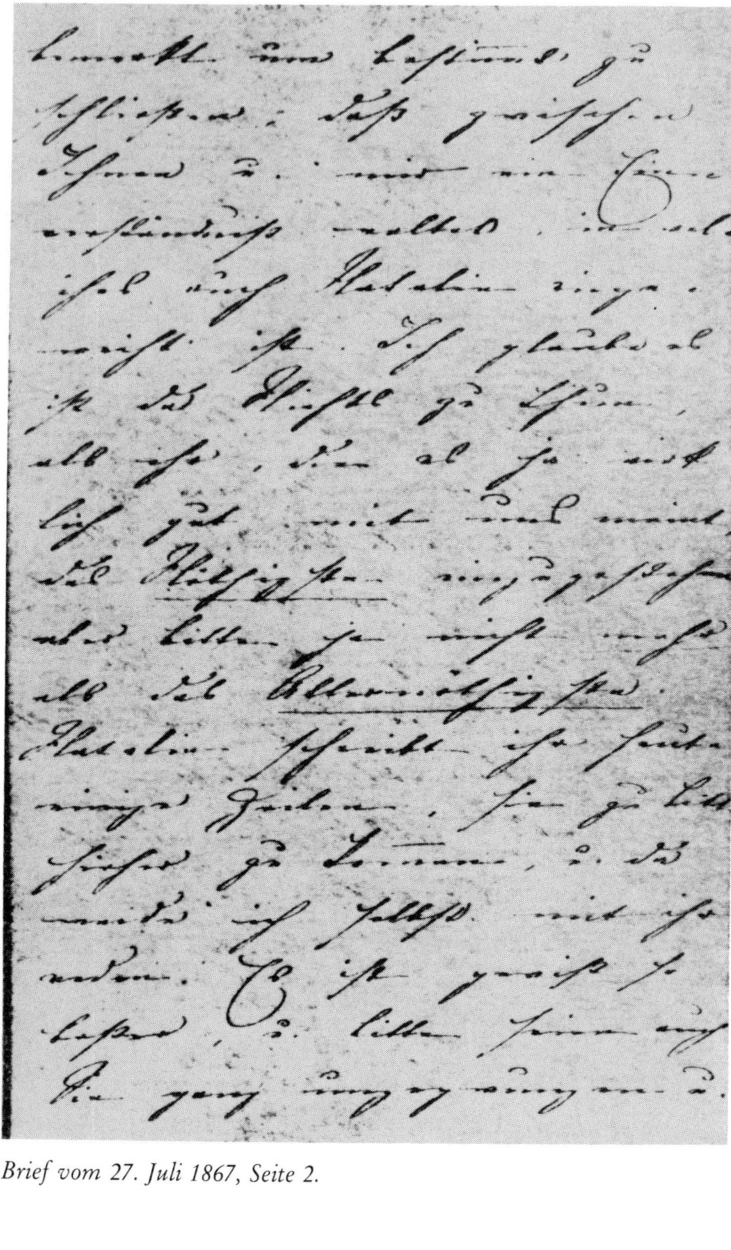

Brief vom 27. Juli 1867, Seite 2.

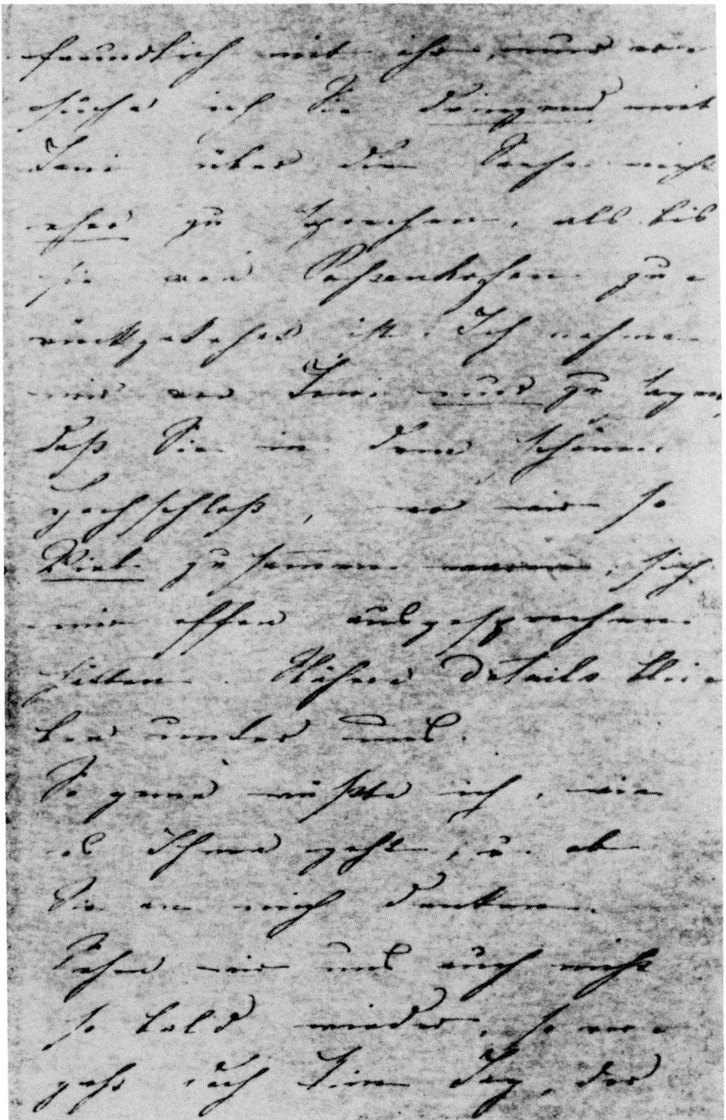

Brief vom 27. Juli 1867, Seite 3.

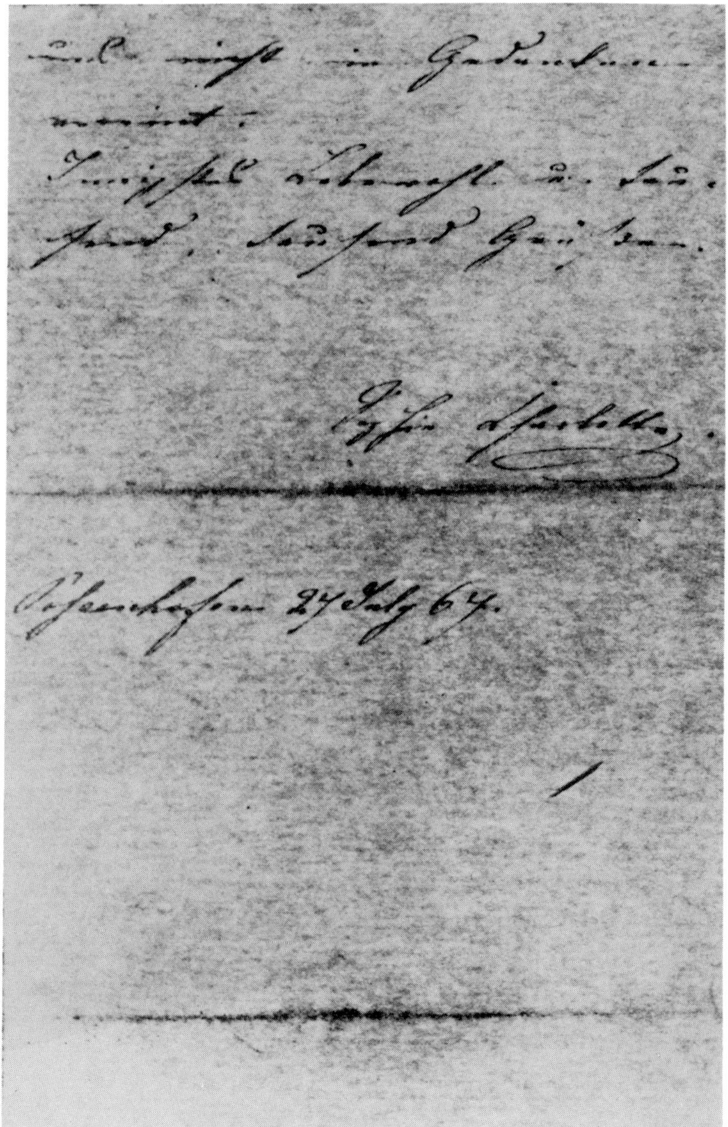

Brief vom 27. Juli 1867, Seite 4.

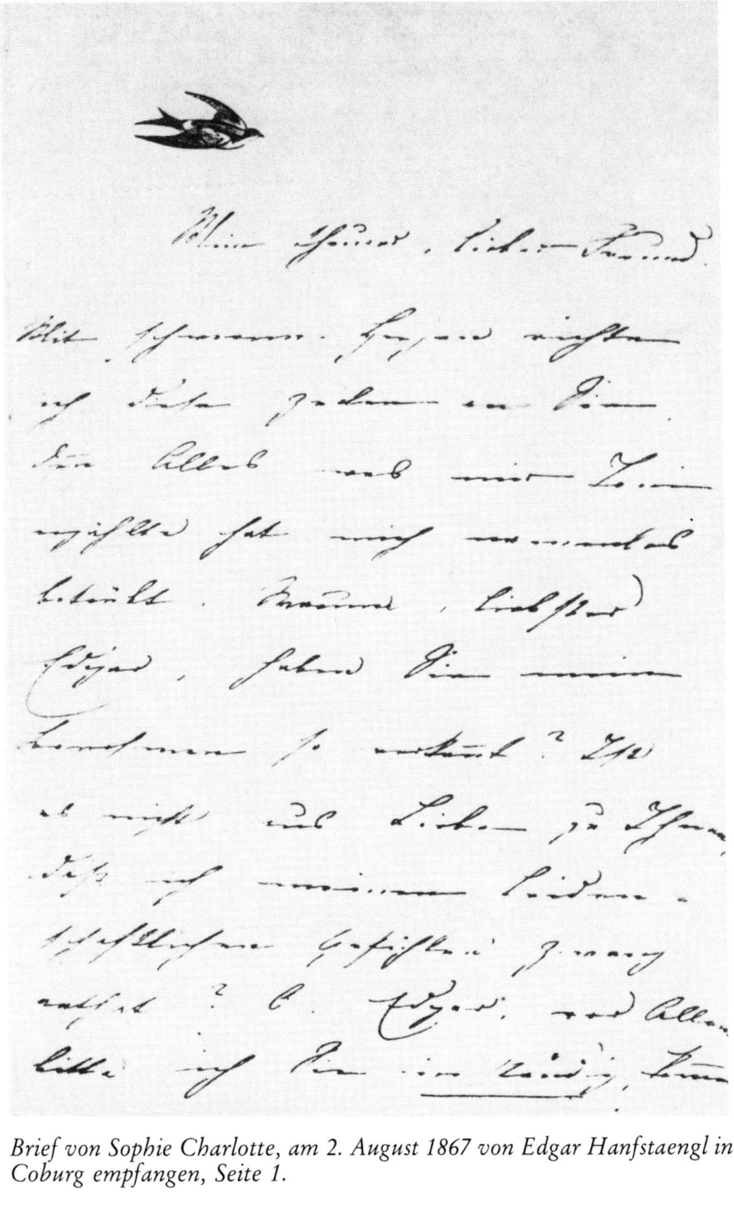

Brief von Sophie Charlotte, am 2. August 1867 von Edgar Hanfstaengl in Coburg empfangen, Seite 1.

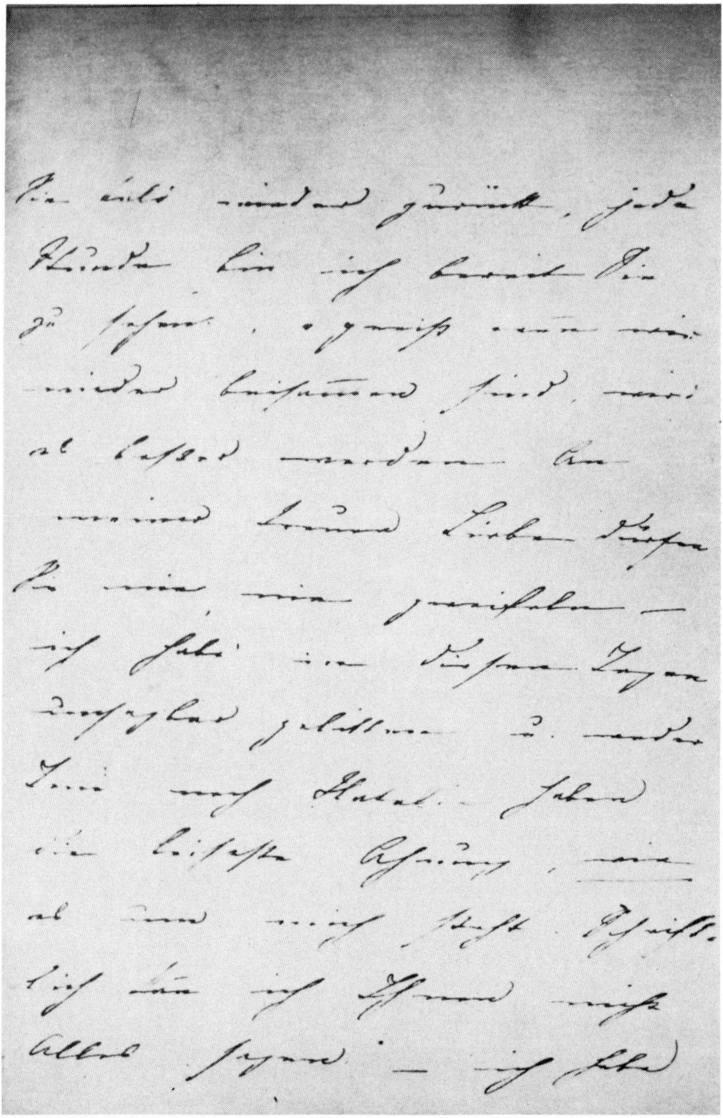

Brief vom 2. August 1867, Seite 2.

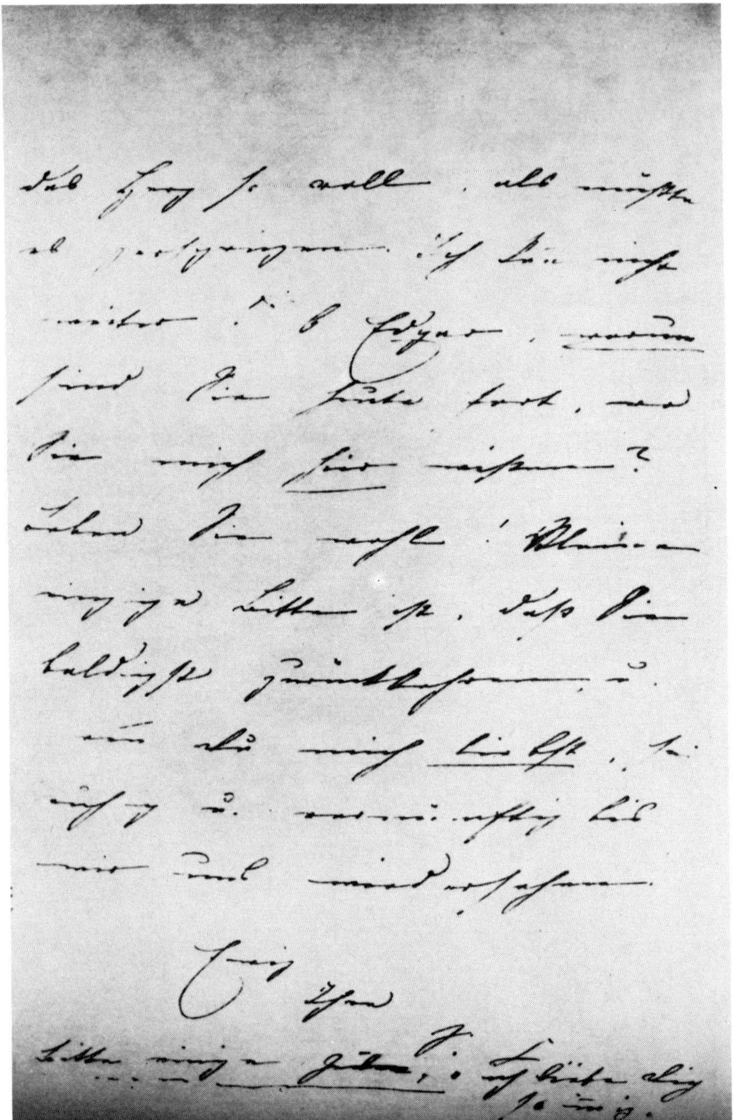

Brief vom 2. August 1867, Seite 3.

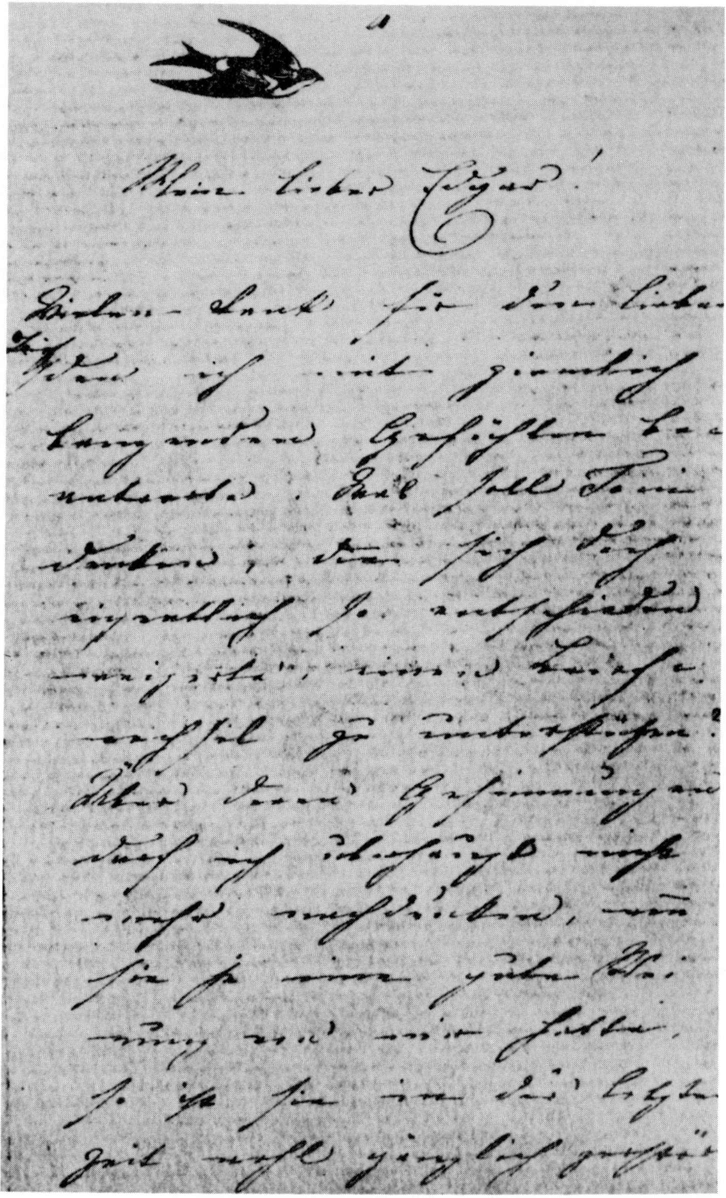

Brief von Sophie Charlotte an Edgar Hanfstaengl vom 10. September 1867, Seite 1.

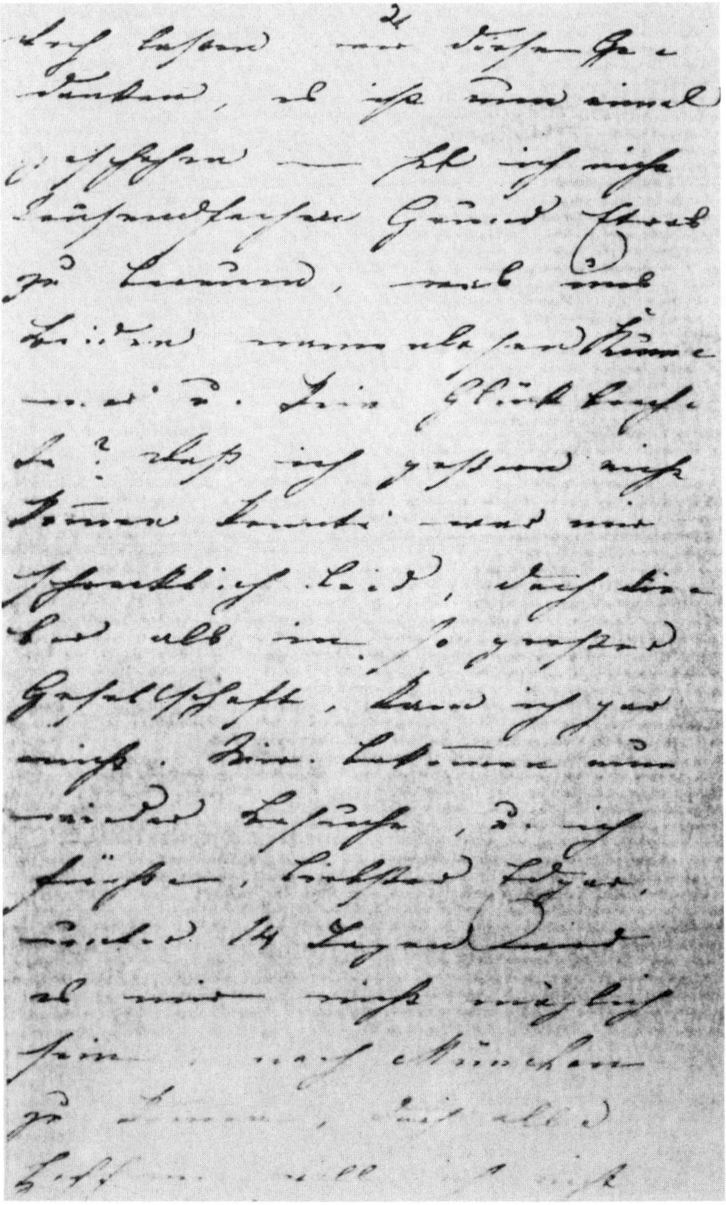

Brief vom 10. September 1867, Seite 2.

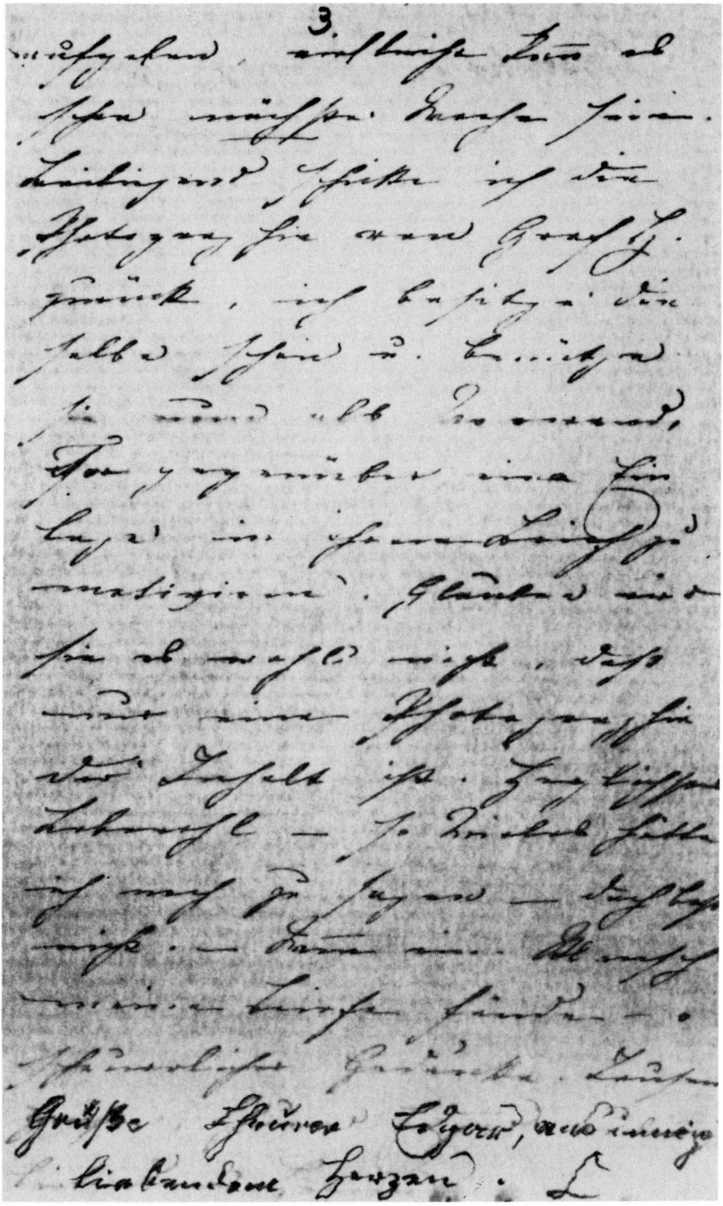

Brief vom 10. September 1867, Seite 3; die letzten zwei etwas verblichenen Zeilen wurden vermutlich von Erna Hanfstaengl mit Bleistift nachgezogen.

„Lieber Edgar

Auf der Station in Starnberg während ich im Coupé saß, hat mir die Prinzeßin Sophie, die mit demselben Zuge von München nach Poßenhofen fuhr, einen förmlichen Besuch gemacht; sie kam auf dem Perron zu mir dicht an das Coupé und war wie immer äußerst liebenswürdig – dann kam auch die Frau Herzogin und erkundigte sich wegen eines Bildes des Erbprinzen Taxis welches sie von uns erwartet, wie ich entnommen handelt es sich um eine Vergrößerung nach dem Normal Bilde das vor einiger Zeit reproduzirt worden ist – ich habe ihr versichert: daß ich sofort an dich schreiben werde – Ich konnte leider nichts bestimmtes darauf antworten, da ich über diese Sache nicht informiert bin. Besorge also diese Angelegenheit schnellstens."

Edgar erledigte diese Angelegenheit auch umgehend, denn schließlich war dies wieder ein unverdächtiger Anlaß, Sophie zu besuchen – was am 13. August 1867 geschah und den verschlüsselten Notizen zu entnehmen ist. Die dabei verwendeten Abkürzungen konnten bis auf eine dechiffriert werden:

Al. = unbekannt
Erbprinz T. = Erbprinz Taxis
H. = Edgar Hanfstaengl
K. = König Ludwig II.
P. = Possenhofen
S. = Sophie Charlotte
T. = Edgars Cousine Toni

Hier der Originalwortlaut der Notiz: „Sonntag den 11. August 67 war der K. während des ganzen Abends bei S., 12. Aug. Montag verbrachte ich ½ Stunde mit ihr in der Canalstraße. Mit H. muß sie wenigstens mehrere Stunden beisammen gewesen sein, auch Al. wurde besucht dann zurück nach P., ob um ½ 3 Uhr mit dem Abendzug? K. den Rest des Abends bei ihr – 13. Aug. war ich in P. wegen Erbprinz T. besuchte auch S. ¾ Stunden. 14. Aug. erwartete mich T. gegen Morgen und las den von S. an H. gerichteten in der Beilage wörtlich copierten Brief vom 13./14. Aug. Poß. datirt ‚mein treugeliebter Max'." Bei der erwähnten „Canalstraße" dürfte es sich um Edgars Wohnung in der Kanalstraße Nr. 23 gehandelt haben – hier der „wörtlich copirte Brief":

„Mein treugeliebter Max

In welchem Zustand ich gestern hier ankam u. wie es mir bis heute erging kann ich dir nicht sagen, es ist ein trostloses Dasein. – so hoffnungslos so öd!! Bitte lasse mir umgehend wissen, ob du glücklich und unbemerkt zum Palais hinauskamst unsere Leute schienen Nichts zu bemerken ich stellte mich möglichst leidend u. mußte noch einen schauerlichen Kamillen-Thee hinunterwürgen, wobei sich Nathalie zu Tode lachte. Die alte Bäringer war so voll Mitleid mit meinem Kopfweh, und versicherte mich beständig, wenn sie es nur früher gewußt, sie hätte Alles besorgt. –

Wir dürfen uns nun volle vier Wochen nicht sehen, es muß so sein u. sollte mir das Herz darüber brechen, ich darf nicht daran denken wie diese lange Zeit dahin gehen soll. O bitte schreibe mir, so oft es möglich ist – das ist das Einzige, was mich bei Vernunft hält – du mußt es thun. Diesen Brief schicke ich durch Nathalie, die heute Abend nach München, und morgen früh ½ 10 nach Tirol auf 10 Tage geht. Bitte liebster Engel komme morgen Früh um ½ 9 zu ihr um ihr einige Zeilen für mich zu bringen oder wenn Du das nicht kannst so sende ihr ja einen Brief u. nicht später als ½ 9 Uhr. Sie wohnt in den 4 Jahreszeiten.

Schreibe mir welchen Tag du nach Tegernsee abreisen wirst, daß ich immer in Gedanken bei dir sein kann. Ich werde nun viel allein sein, Nathalie scheint gern fort zu gehen, ich begreife es wohl. [Mir ist alles was um mich herum geschieht ganz gleichgültig, mir fehlt das innere Glück, was kann da die Außenwelt geben?] Leb wohl, du mein Alles! O könnten meine heissen Thränen das harte Schicksal erweichen, kann ich nie nie mehr die deine werden! Ich möchte in deinen Armen – sterben u. mein Name sollte verklingen – die Welt vergessen, daß eine bayerische Königsbraut gelebt. Ich küsse dich tausendmal vergiß mich nicht – O wenn du wüßtest – – – ! S. C."

Die von Sophie angesprochenen „vollen vier Wochen" betrafen zahlreiche bevorstehende gesellschaftliche Verpflichtungen wie zum Beispiel der Besuch Kaiser Napoleons III. in München, dem sich König Ludwig II. und Sophie Charlotte als Brautpaar präsentieren sollten. Dies geschah bei einer kurzen Begrüßungszeremonie auf dem Bahnhof, und es sollte dabei das letzte öffentliche Auftreten von Ludwig mit seiner Braut werden. Am 18. August war Ludwig dem französischen Kaiserpaar nach Augsburg entgegengefahren, wo auf dem dortigen Bahnhof „sodann eine sehr herzliche Begrüßung zwischen den Majestäten stattfand, bei welcher König Ludwig II. der Kaiserin Eugenie die Hand, sie aber dem jugendlichen Monarchen auf die Wange küßte". Gemeinsam fuhren sie daraufhin mit der Eisenbahn nach München, wo sie von Prinz Adalbert und natürlich von seiner künftigen Schwiegermutter und deren Tochter Sophie nebst Bruder Carl Theodor und zahlreichen Honoratioren der Stadt erwartet wurden. Ludwig stellte dem Kaiserpaar seine Verlobte vor und bestieg nach einem kurzen Aufenthalt aber gleich wieder den Zug, um zusammen mit General von der Tann und Flügeladjutant Sauer die Staatsgäste auf ihrer Weiterfahrt nach Rosenheim zu begleiten. Für Sophie Charlotte waren damit die Repräsentationspflichten als künftige Königin ein für allemal erledigt, und die Welt konnte nun ruhig vergessen, „daß eine bayerische Königsbraut gelebt". . .

Am 25. August verbrachte Ludwig seinen 22. Geburtstag zusammen mit seiner Mutter auf Schloß Hohenschwangau, während Sophie in Possenhofen ihre Tante, die Erzherzogin Sophie zu Besuch hatte. Eine Woche später war die Königshochzeit verschoben. Die „Neuesten Nachrichten" meldeten am 1. September 1867: „So viel man hört, wird die Verehelichung S.M. des Königs, die auf den 12. Oktober festgesetzt war, ein paar Wochen später stattfinden." Der letzte heute noch erhaltene Brief von Sophie an Edgar Hanfstaengl wurde am 10. September geschrieben. Tiefe Resignation spricht aus ihm und ein „Herzliches Lebewohl" wird im Brief mit auf den Weg gegeben:

„Mein lieber Edgar!

Vielen Dank für den lieben Brief den ich mit ziemlich bangenden Gefühlen beantworte. Was soll Toni denken, die sich doch eigentlich so entschieden weigerte, einen Briefwechsel zu unterstützen? Über deren Gesinnung darf ich überhaupt nicht mehr nachdenken, wenn sie je eine gute Meinung von mir hatte, so ist sie in der letzten Zeit wohl gänzlich zerstört doch lassen wir diese Gedanken, es ist nun einmal geschehen – hab ich nicht tausendfachen Grund Etwas zu bereuen, was uns beiden unendlichen Kummer u. kein Glück brachte? Daß ich gestern nicht kommen konnte war mir schrecklich leid, doch lieber als in so großer Gesellschaft, komme ich gar nicht. Wir bekommen nun wieder Besuche, u. ich fürchte, Liebster Edgar, unter 14 Tagen wird es mir nicht möglich sein, nach München zu kommen, doch alle Hoffnung will ich nicht aufgeben, vielleicht kann es schon nächste Woche sein. Beiliegend schicke ich die Photographie von Graf H. zurück, ich besitze dieselbe schon u. benütze sie nur als Vorwand, Toni gegenüber eine Einlage in ihren Brief zu motivieren. Glauben wird sie es wohl nicht, daß nur eine Photographie der Inhalt ist. Herzliches Lebewohl – so Vieles hätte ich noch zu sagen – doch besser nicht. – Wenn ein Mensch meine Briefe fände – schauerlicher Gedanke. Tausend Grüße Theurer Edgar, aus innig liebendem Herzen. C. Poßenhofen 10: Sept. 67"

Ob dies der letzte Kontakt zwischen Sophie und Edgar war, ist unbekannt, und daß sich die beiden in der nun beginnenden Auflösungsphase der Verlobung mit Ludwig II. noch einmal treffen konnten, ist schwer vorstellbar. Nach dem 10. September 1867 gibt es kein weiteres Dokument, das ein Fortbestehen der Beziehung zwischen Sophie Charlotte und Edgar belegt.

Ein Jahr später, am 12. November 1868, übernahm Edgar Hanfstaengl das photographische Atelier seines Vaters Franz als alleiniger Besitzer und erweiterte diesen Betrieb in den folgenden Jahren zum „Kunstverlag Franz Hanfstaengl", der bis zur Jahrhundertwende zu einem der größten graphischen Unternehmen seiner Zeit wurde. 1882 heiratete Edgar die in Berlin geborene Katharina Heine, aus welcher Ehe fünf Kinder hervorgingen: Edgar (1883–1958), der seit 1907 den Kunstverlag weiterführte, Egon (1884–1915), Erna (1885–1981), Ernst, auch „Putzi" genannt (1887–1975) und Erwin (1888–1914). Edgar Hanfstaengl starb am 28. Mai 1910 und ist im Alten Münchner Südfriedhof begraben. Nach

Edgar Hanfstaengl und Katharina Heine (1859–1945).

seinem Tod fand seine Tochter Erna ein Kuvert des Kunstverlages mit dem handschriftlichen Vermerk ihres Vaters: „Briefe von Prinzessin Sophie Charlotte – ungelesen verbrennen“. Am 26. Februar 1980 übergab Erna Hanfstaengl dem Verfasser Photokopien dieser Briefe zur Auswertung mit der Bemerkung, daß es ihr wichtig wäre, „wenn diese Sache einmal richtiggestellt“ werden würde.

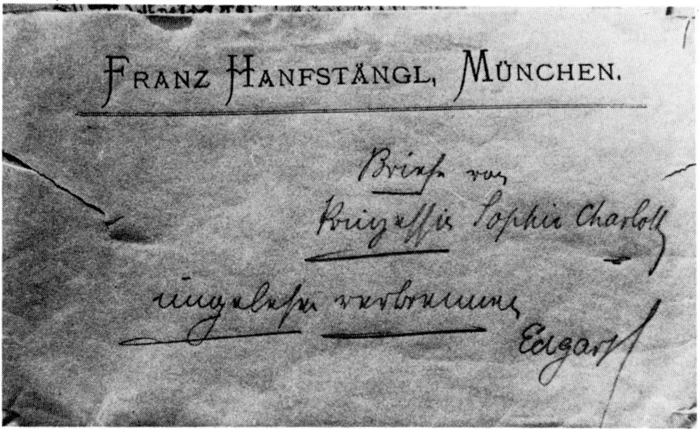

„Nicht ging das Entsetzliche in Erfüllung!"

Richard Wagner im fernen Triebschen ahnte wieder einmal nichts Gutes, sein König von Bayern gefiel ihm zur Zeit überhaupt nicht. Da versteckte er sich zuerst auf dem Hochkopf und sitzt nun an seinem Geburtstag ohne Braut zusammen mit seiner Mutter auf Hohenschwangau. Ludwig entflieht den Menschen wo er nur kann und will jetzt auch noch seine Hochzeit unter Ausschluß der Öffentlichkeit abhalten, wie er ihm am 27. August von Hohenschwangau aus schrieb: „Gewiß finden Sie es, theurer Freund, begreiflich, daß es mir lieber wäre, sowie meiner Erwählten, könnten z.B. die Hochzeitsfeierlichkeiten ohne viel Lärm und Weltspektakel vorübergehen; denn schade ist, wenn gerade die schönsten, bedeutungsvollsten Tage des Lebens durch Weltgepränge und rauschende Festlichkeiten in gewissem Sinn getrübt werden; viel schöner wäre es, könnte die Trauung hier in der ernst-ehrwürdigen Ritterhalle oder in irgend einer Kapelle am Gestade meines lieben Starnbergersees vollzogen werden, als dort in der liebeleeren Hauptstadt mit allem Prunke des Königsthums. – Doch Vergebung, wenn ich sogar diese kleinen Sorgen Ihnen anvertraue."

Wagner wußte genau, was hinter diesen „kleinen Sorgen" in Wirklichkeit steckte: Die Hochzeit, die er erfolglos zu verdrängen suchte, und die wie ein Alpdruck auf Ludwig lastet. „So reiche ich", schrieb Wagner am 22. September an Ludwig, „durch das Jauchzen und Jammern meiner Weisen hindurch, über die Höhen und Tiefen meines Lebensgedichtes hinweg, Ihnen still die Hand, blicke Ihnen in das Auge, und frage Sie: Bedürfen Sie des Freundes nicht? Ist Kummer, Unmuth, Sorge,

Ahnung, Bangigkeit in Ihrem Herzen, und drängt es Sie nicht, dieses Herz dem Freunde auszuschütten? Wem sollten sie es öffnen, wenn nicht mir? Blicken Sie tief, tief in Sich, und fragen Sie Sich, ob Sie mir nichts zu sagen, nichts zu klagen haben. Sagen Sie mein geliebtester Holder, mein trautester Freund, mein angebeteter Herr und Hort, – sagen Sie mir, was Sie beklemmt! Mir sagt es die innere Stimme, doch antworten kann ich ihr nur, wenn aus Ihnen sie zu mir dringt."

Ludwig kam nun wirklich in Bedrängnis, denn allgemeine Unruhe breitete sich über die ungewisse Hochzeit aus. Am 27. September ergriff Ludovica nun die Initiative und schrieb von Mutter zu Mutter an Königin Marie, daß ihr aus der Umgebung deren Sohnes Ludwig zu Ohren gekommen wäre, daß er am liebsten erst in ein paar Jahren heiraten würde, weil er sich noch zu jung fühle. Am besten wäre deshalb, wenn Sophie von sich aus die Verlobung auflösen würde. Dies hätte ihre Tochter dem König auch schon einmal angeboten, er aber hätte dies abgelehnt.

In der Bevölkerung kursierten inzwischen die wundersamsten Gerüchte über die Verzögerung der Königshochzeit, die aber zum Teil von der Residenz selbst ausgestreut wurden, wie die „Neuesten Nachrichten" ebenfalls am 27. September durchblicken ließen: „Der journalistische Rath unseres Hofes hat endlich die Ursache der Verschiebung der Vermählung unseres Königs, die zu erfahren alle weiblichen und männlichen Klatschbasen sich vergeblich den Kopf zerbrachen, glücklich entdeckt. Es ist die Unmöglichkeit, alle Vorbereitungen so rasch wie beabsichtigt zu vollenden, namentlich konnte, trotz aller Beschleunigung (!) welche der Hofjuwelier Merk den betreffenden Arbeiten gibt, bis dahin weder an der Krone der Königin aus dem Hausschatz als nothwendig erkannt, verändern, noch das reiche Diadem, welches S.M. der König als Brautgeschenk bestellt hat, vollendet werden'. Das ist eine recht ungeschickte Erklärung: Weiß doch jedermann, daß außer Herrn Merk noch eine ganze Reihe tüchtiger Juweliere in München ist, und daß mit einiger Theilung der Arbeit dieselbe recht gut, sogar noch vor der ursprünglich festgesetzten Zeit hätte vollendet werden können. Es verlautete übrigens jetzt, daß die Vermählung S. Majestät Ende November stattfinden werde."

Daß die Königinmutter auf Ludovicas Brief hin mit ihrem Sohn gesprochen hat, ist anzunehmen. Nach einer Woche Bedenkzeit kündigte Ludovica ihr am Freitag dem 4. Oktober 1867 ein Ultimatum an, das demnächst Herzog Max stellen würde. Diese Ankündigung war wohl als allerletzte Chance gedacht: „Das öfter wiederholte Hinausschieben der Hochzeit hat eine für uns so ungünstige Stimmung hervorgerufen, und zu so unangenehmen Gerede Anlaß gegeben, daß Max sich genöthigt glaubt dem König zu schreiben, daß, da es sich nicht länger mit Sophies Ehre vertrüge, er den König unterthänig bitten müsse, entweder den Termin in den letzten Tagen des November einzuhalten, oder das vor mehr als acht Monaten an uns gerichtete Verlangen um Sophies Hand als ungeschehen betrachten zu wollen, wobei er ihn durchaus nicht drängen wolle, diese Verbindung einzugehen, denn es sei nie unsere Absicht gewesen, ihm unsere Tochter aufzudrängen."

Am Montag dem 7. Oktober war Ludwig mit seinen Kräften am Ende, der Leidensdruck war so übermächtig geworden, daß er zu einer Entscheidung fähig wurde: „Sophie abgeschrieben, das düstere Bild verweht, nach

Freiheit verlange ich, nach Freiheit dürstet mich, nach Aufleben von qualvoller Alp." Ludwig saß in Hohenschwangau, als er diese Sätze in sein Tagebuch schrieb. Am selben Tag kündigte er Sophie die Verlobung auf. Er schrieb ihr, wie es aus seiner Sicht zur Verlobung kam, wie er sich langsam klar wurde, daß in ihm „nicht die Liebe wurzelt, die zur Vereinigung in der Ehe erforderlich ist", und warum er die Vorbereitungen so lange hinauszog. Ludwig nahm die Verantwortung für die mißlungene Hochzeit voll auf sich, wenngleich er die sich ständig in das Geschehen einmischende Herzogin Ludovica nicht unerwähnt ließ. Hier Ludwigs Abschiedsbrief an Sophie:

„Meine geliebte Elsa!

Wie damals die Verlobung so auch der Vermählungstag durchaus wie eine Treibhauspflanze gewaltsam gezeitigt werden sollte, so halte ich es für meine heilige Pflicht, jetzt, da noch Zeit ist, Dir einige Mittheilungen zu machen. Stets warst Du mir von Herzen werth und theuer, ich hänge an Dir mit inniger und wahrer und aufrichtiger Zuneigung, ich liebe Dich wie eine theure Schwester. Als wir im vorjährigen Sommer uns öfters schrieben, als ich Dir theilweise meine Freundschaft, mein Vertrauen gab, drängte Deine Mutter zu einer Entscheidung; sie glaubte, ich hätte Dich betört, denn an ein Bestehen von Freundschaft ohne die eigentliche Liebe glaubte sie nicht. Du erinnerst Dich der Antwort, die ich Dir damals gab und Deiner Mutter durch Gackel ertheilen ließ. – Als ich zu meinem tiefen Kummer erfahren mußte, wie unglücklich Dich dieselbe gemacht hat, daß Du fort müßtest, wir niemals mehr uns sehen könnten, wurde ich auf das tiefste ergriffen, gerührt durch diesen Beweis wahrer Liebe, den Du mir gabst;

meine Zuneigung zu Dir steigerte sich, so daß ich mich hinreißen ließ, um Deine Hand zu werben. Wenn ich nun alle Vorbereitungen zur Hochzeit treffen ließ, mit Dir darüber sprach und schrieb, sie hinausschob, sie doch nicht aufgeben wollte, so geschah dies durchaus nicht, um Dich anzuführen . . . O nein, hintergehen wollte ich Dich nicht, ich handelte im festen Glauben, es würde alles zu einem befriedigenden Ende führen. Ich hatte nun Zeit, mich zu prüfen, mit mir zu Rathe zu gehen, und sehe, daß nach wie vor meine treue, innige Bruderliebe zu Dir tief in meiner Seele wurzelt, nicht aber die Liebe, die zur Vereinigung in der Ehe erforderlich ist. Ich war Dir diese offene Mittheilung schuldig, liebe Elsa, ich bitte Dich um Fortdauer Deiner Freundschaft, wenn Du mir Dein Wort zurückgibst, und wenn wir voneinander scheiden, so bitte ich Dich, thun wir es ohne Groll und Bitterkeit; behalte, ich ersuche Dich herzlich darum, die Andenken, die Du von mir in Händen hast, und gestatte mir, daß auch ich die von Dir erhaltenen behalte. Sie werden mich stets an eine Zeit erinnern, die nie aufhören wird mir theuer zu sein, und an eine liebe Freundin und Verwandte, für deren Glück, das mir sehr am Herzen liegt, ich täglich Gott bitten werde. Solltest Du etwa in Jahresfrist niemanden gefunden haben, durch welchen Du glaubst, glücklicher zu werden als durch mich, sollte auch dies bei mir der Fall sein, was ich nicht für ganz unmöglich halte, so können wir uns ja dann immer noch vereinen, vorausgesetzt, daß Du dann noch Lust hast; doch ist es beser, wenn wir jetzt voneinander scheiden, und uns nicht durch ein bestimmtes Versprechen für die Zukunft binden, mißlich bleibt immer das plötzliche sich Einmischen Deiner Mutter in unsere Angelegenheiten.

Möge, dies ist mein innigster Wunsch, der Vater, der über uns allen wacht, Dich, meine treu geliebte Elsa, das Glück finden lassen, das Du in so reichem Maße verdienst. – Und nun, lebe wohl, behalte auch ferner lieb Deinem Herzen anhänglichen und treuen Heinrich. (Willst Du so gut sein, Deinen Eltern den Hauptinhalt dieses Briefes mitzutheilen?!)
Hohenschwangau, 7. Oktober 1867"

Aber nicht nur Ludwig hatte sich entschieden und gehandelt, auch Herzog Max hatte einen Schlußstrich gezogen. Kaum hatte Ludwig seinen Brief dem Kurier übergeben, erreichte ihn der offenbar gleichzeitig abgeschickte Brief des Herzogs. Ludwig empfand, da er sich von sich selbst aus ja schon entschieden hatte, das Schreiben von Sophies Vater als eine Unverschämtheit: „Der später empfangene Brief des Herzogs versetzte den König in große Wut. Er fand, daß der Herzog Unterthan sei wie jeder andere, und daß es ihm nicht zukomme, eine solche Schreibweise dem Landesherrn gegenüber zu führen. Düfflipp wandte ein, daß Maximilian den Brief nicht als Herzog, sondern als Vater geschrieben habe, und sie gerieten darüber in eine so lebhafte Diskussion, daß Düfflipp endlich erklärte, wenn der König seinen Rath nicht annehmen wolle, so sei es besser, wenn er sich zurückziehe."

Der Öffentlichkeit wurde die Auflösung der Verlobung am 11. Oktober mitgeteilt, aber nicht wie Gottfried von Böhm schrieb, durch eine entsprechende Veröffentlichung im Regierungsblatt, sondern mündlich durch Lorenz Düfflipp an die Vertreter der Presse. Zu einer Notiz im Regierungsblatt bestand auch gar kein Anlaß, denn schließlich wurde auch die Verlobung im Januar nicht in dieser Form publiziert. Von Ludwig hatte

Ludwig II. als Großmeister des Georgi-Ritterordens.

Düfflipp am 11. Oktober die Anweisung bekommen, dafür zu sorgen, „daß der Hauptspektakel vermieden werde; man solle erfahren, daß mit Einverständnis beider Theile die Sache rückgängig gemacht wurde; in der That, es war so besser; großes Unheil, das sicher nicht ausgeblieben wäre, ist nun abgewendet".

Auch der in Italien weilende Großvater wurde nun von Ludwig verständigt, „daß er nicht heiraten kann" und „dabei elend und namenlos unglücklich" geworden wäre, worauf ihm Ludwig I. kurz und bündig antwortete: „Da Du diese Überzeugung hattest, so freut es mich, daß Du Dein Versprechen zurückbekommen hast."

Erst zwölf Tage nach seiner Entscheidung fand Ludwig am 19. Oktober eine ruhige Stunde, um seinem „über Alles geliebten, einzigen Freund" über seine Genesung von der „lebensgefährlichen Krankheit" zu berichten: „Was mich im Laufe der letzten Monde beschäftigt, was wie eine Alp auf mir lastete, mich fürchterlich folterte, werden Sie aus meinen Briefen an die Freundin ersehen haben; nun ist mir so wohl zu Muthe, ich athme wieder frei auf, erwache wie aus düstrem Traum und nun, da der innere Friede, der so lange mich geflohen hatte, wieder eingezogen ist in meine Seele, nahe ich wieder dem Freunde. O nun ist Alles wieder gut! Wie erstanden, genesen nach lebensgefährlicher Krankheit fühle ich mich, und selig wie früher juble ich dem Freunde entgegen, der Trauerflor, der über mir hing während der letzten Zeit ist zerrissen und . . . der Schmerz ist aus, die Bande weichen. – Doch fort mit diesem Thema; nur das füge ich noch hinzu, daß ich mit Sophie unglücklich geworden wäre, daß sie nicht die mir von Oben bestimmte ist, nicht ‚das Weib das Gott mir angetraut', daß sie mein Wesen nur oberflächlich zu beurtheilen verstand, daß sie nicht die Tiefe besitzt, die ich bei meiner künftigen Gattin verlange, daß aber momentan mich ihr Liebreiz, ihre Anmuth, die nur äußerlich sind, geblendet haben, doch Gott sei Dank, ich kam bald zur Erkenntnis."

In den erwähnten Briefen an „die Freundin" Cosima schrieb Ludwig über sein Verhältnis zu Sophie: „Ich kannte sie von Jugend auf, liebte sie stets als eine treue Verwandte, treu und innig wie eine Schwester, schenkte ihr mein Vertrauen, meine Freundschaft, aber nicht Liebe! Sie können sich denken, wie entsetzlich für mich der Gedanke war, den Vermählungstag immer näher und näher heranrücken zu sehen, erkennen zu müssen, daß dieser Bund weder für sie noch für mich glückbringend sein könnte."

Richard Wagner war über Ludwigs Briefe und seine endlich getroffene Entscheidung sichtlich erleichtert. Wenn jemand von Anfang an diese Entwicklung vorausgesehen hatte, dann er, und seit seinem Gespräch mit Sophie dürfte er auch keinerlei Hoffnung mehr auf ein gemeinsames Leben der beiden gehabt haben. So schrieb er am 25. Oktober an Ludwig ruhig und verständnisvoll, daß „die Irrtümer, denen wir so verfallen, die Fehler, die wir so begehen" nun einmal das „Weltenloos" seien, das jeden von uns einmal trifft. „O mein Freund!" rief er Ludwig zu, „Sie haben sich gerettet: Aus der Noth Ihres innersten Herzens, aus der Wahrheit Ihrer Seele fanden Sie die Kraft zur Rettung. Sie mussten so, und taten Recht: noch mehr, Sie taten Recht auch damals, als Sie das Band knüpften; denn Sie handelten edel und schön, folgten einem großmüthigen Antrieb Ihres Herzens."

Dieser Anlaß kam Wagner gerade recht, gleich auch

ein paar Anspielungen zum Verhältnis zu seiner „Sekretärin“ loszuwerden. In der Hoffnung, Ludwig könne nun, da er selbst um ein paar Erfahrungen zwischenmenschlicher Beziehungen reicher geworden, die Wahrheit über die Freundin besser verstehen: „Sie werden mein Leben kennen lernen; auch das der Freundin wird Ihnen unerhörte Leiden aufdecken, die aus Irrungen entsprangen, deren Folgen ein edles Herz nicht einseitig abwehren kann; o wieviel Leben vergeudet sich dann nutzlos! – darum, – es war ein Traum, möge er Sie warnen!“

Seine Entscheidung, die Verlobung aufzulösen, hatte Ludwig gefällt, ohne von der Beziehung seiner Verlobten zu Edgar Hanfstaengl zu wissen. Hätte er eine Ahnung davon gehabt, dann hätte er am 7. Oktober keinen so weitschweifigen und verständnisvollen Brief an Sophie geschrieben. Dann hätte er zumindest Wagner gegenüber in irgendeiner verklausulierten Form eine Andeutung darüber gemacht – davon aber keine Spur.

Ein Wutanfall des Königs, den Ludwig II.-Biographen im Zusammenhang mit der Auflösung der Verlobung brachten, und bei dem der König die Büste seiner Verlobten durchs Fenster in den Hof der Residenz geschleudert haben soll, läßt sich durch nichts belegen, zumal Ludwig während des Endstadiums der Verlobung nicht in der Residenz, sondern in Hohenschwangau lebte. Sollte ihm später das Gerede von der angeblichen Untreue seiner ehemaligen Braut zugetragen worden sein, so hätte er, der Gerüchten immer voller Skepsis gegenüberstand, die Erzählung gewiß als den üblichen, bösartigen und dummen Hofklatsch seiner ungeliebten Residenz abgetan. Daß die schon gedruckten Erinnerungsblätter an die Königshochzeit wieder eingezogen

Büste von Herzogin Sophie Charlotte.

und die schon geprägten Gedenkmünzen eingeschmolzen wurden, war ein ganz normaler Vorgang nach dem geplanten, aber nicht stattgefundenen offiziellen Ereignis.

Für Ludwig II. war schließlich am 29. November seine Episode als königlicher Bräutigam endgültig vorbei. Fern von München, in der Einsamkeit des Schlosses Hohenschwangau schrieb er in sein Tagebuch: „Gott sei gedankt, nicht ging das Entsetzliche in Erfüllung! (Mein Hochzeitstag sollte heute sein.)"

Hofphotograph Edgar Huber

Die bayerische Bevölkerung war wegen der sich verzögernden Hochzeitsvorbereitungen über die Auflösung der Verlobung nicht sonderlich überrascht, dennoch konnte sie sich keinen Reim auf die tatsächlichen, und wie man heute weiß, ja sehr komplizierten Ursachen machen. „Wie die Dinge nun einmal zuverlässigen Mitteilungen nach standen – es ist besser, daß es so gekommen ist“, orakelten bereits am 12. Oktober die „Neuesten Nachrichten“. Herzog Max habe „in Würdigung dieser Verhältnisse“ an den König die Bitte gerichtet, seiner Tochter ihr Versprechen zurückzugeben, „welche Bitte alsbald gewährt wurde“. Was natürlich nicht stimmte, denn Ludwig hatte sich schon vor der „Bitte“ des Herzogs für die Auflösung entschieden. Tags darauf ereiferte sich dann das Blatt, daß „müßige Köpfe Gelegenheit gefunden haben, wieder eine Reihe der albernsten Gerüchte unter die leichtgläubige Menge zu kolportieren, so z.B., daß der König zu seiner Vermählung noch einen Aufschub von zwei Jahren verlangt habe, daß er jetzt mit seinem Großvater nach Nizza zu reisen beabsichtige, und daß die Herzogin eine Abfindungssumme von zwei Millionen beanspruche und dergleichen mehr“.

Natürlich war auch ein „heimlicher Liebhaber“ unter diesen „albernsten Gerüchten“, der aber mit Rücksicht auf das hohe Ansehen, das die Familie Hanfstaengl in München genoß, nicht namentlich genannt werden konnte. Wie und durch wen der Name Edgar Hanfstaengl in die Öffentlichkeit gedrungen war, ist unbekannt, bei den zahlreichen Bediensteten des herzoglichen Palastes ist eine derartige Indiskretion jedoch kein

Wunder. Da von offizieller Seite außer der Tatsache des „gegenseitigen Einverständnisses“ kein plausiblerer Grund für die Auflösung genannt wurde, begannen die neugierigen Münchner eben auf eigene Faust zu recherchieren – und ganz so „unbemerkt“ wie Prinzessin Sophie immer hoffte, konnte Edgar bestimmt nicht immer aus dem Palais in der Ludwigstraße entwischen, da halfen auch keine Ohnmachtsanfälle, um das Hauspersonal abzulenken.

Königstreue Journalisten und Historiker hatten diesen Gerüchten natürlich entgegenzuwirken. Daß sich eine bayerische Prinzessin während ihrer Verlobungszeit mit dem König von Bayern eine Liebschaft mit einem bürgerlichen Photographen geleistet hat, vertrug sich eben nicht mit monarchistischen Moralvorstellungen. Einer der vehementesten Verteidiger der „jungfräulichen Ehre“ der Prinzessin war der Ministerialbeamte und spätere Leiter des Wittelsbacher Hausarchivs Gottfried Ritter von Böhm (1845–1926). In seiner Biographie König Ludwigs II. schrieb er mit großem Bedauern, daß die „verschmähte Braut nicht wenigstens vor übler Nachrede verschont blieb. Man erzählte, die Verlobung sei darum zurückgegangen, weil der König sie überraschte, als sie ihrer Kammerjungfer eine Ohrfeige gab, und ihr ein Waschbecken nachwarf, nach einer anderen Version, als sie dem Hofphotographen ein Stelldichein bewilligte“. Besonders ärgerlich war für Böhm die Behauptung des Wagner-Biographen Max Koch, der sehr deutlich von der „anstößigen Beziehung zu dem schönen Photographen H.“ gesprochen hatte. Böhm unterstellte Koch zwar gute Absichten, wenn dieser schrieb: „Die Waage neigt sich ganz wesentlich zu Ludwigs II. Gunsten, wenn er die fürchterliche Enttäu-

Franz Hanfstaengl mit seinen Söhnen Ernst und Edgar.

schung der Untreue seiner Braut erleiden mußte und dann noch ritterlich den Anschein der Schuld der Auflösung auf sich nahm." Dazu meinte aber Böhm: „Das mag ja vielleicht für einen Roman zutreffen, aber die Geschichte darf auf das Andenken eines geliebten Königs nicht ohne vollgültigen Beweis das Opfer der jungfräulichen Ehre einer zwanzigjährigen Prinzessin bringen." Den weiteren Behauptungen Kochs, „durch meine moralischen Rettungsversuche der Herzogin Sophie wurde die doch zu bestimmt auftretende Beschuldigung ihrer anstößigen Beziehung zu dem schönen Photographen H. nicht aus der Welt geschafft", entgegnete Böhm: „Die jungfräuliche Ehre der Herzogin bedurfte keines Rettungsversuches, es handelte sich nur um die Abwehr einer Behauptung, die schon bei ihrem ersten Auftreten die intimen Lebenszeugen der Prinzessin mit Nachdruck zurückwiesen und gegen sie bei der Aufwärmung im Bonn'schen Drama entrüstet Protest erhoben. Schon die von niemand bezweifelte vollkommene Ehrhaftigkeit der beiden damaligen Hofdamen des herzoglichen Hauses spricht laut dagegen; nur wer gar keine Kenntnis von den bei Hofe streng beachteten Schranken hat, wird es für möglich erachten, daß eine jungfräuliche Prinzessin, die noch nicht einmal den königlichen Bräutigam ohne ‚Königswachen' empfangen durfte, sich in einen Flirt mit einem Photographen hätte einlassen können, dessen Atelier sie sicher nie ohne Zeugen betreten hat."

Hinter dem erwähnten „Bonn'schen Drama" steckt die von Ferdinand Bonn verfaßte „Tragödie in fünf Aufzügen: Ludwig der Zweite", die 1907 im Verlag Harnisch in Berlin erschienen war. Böhm über dieses Werk: „Auch Ferdinand Bonn fand für seine Tragödie ‚Ludwig II.' keinen besseren Stoff, als das abgegriffene Märchen von dem in seiner Liebe enttäuschten Helden. Er vergröbert und beschmutzt ihn aber auf Kosten der Prinzessin Braut, die er unter vollem Namen einführt. Dem historischen Roman mag man hingehen lassen, eine Liebe zu erfinden, die niemals bestanden hat; kein echter Dichter wird aber die Frauenehre einer historischen Persönlichkeit verleumderisch beflecken, um einen kleinen Bühneneffekt zu erzielen." Bei Bonn steht die Prinzessin eben im Begriff, mit dem „Hofphotographen Edgar Huber" nach Italien durchzubrennen, als der König erscheint, um sich ihre Hand zu erbitten:

Sophie: Wie sind denn die Photographien von mir für den König ausgefallen?
Huber: Miserabel! Auf einer hast Du drei Nasen.
Sophie: Da wird ja der König entzückt sein. Das hast Du ihm zu Fleiß getan.
Huber: Du hast nicht still gehalten (küßt sie).
Sophie: Na, wenn ich nicht stillhalte? Du hast gezittert und gehebbert vor lauter Verliebtheit!
Huber: Auch möglich! Eigentlich ist der König an allem schuld. Hätte er nicht Photographien von dir befohlen –
Sophie: Natürlich, er ist schuld. Liebende sind überhaupt nie schuld! Aber hör mal, warum heiratest Du mich eigentlich nicht?
Huber: Aber Liebste. – Ich bin doch kein Prinz. Dein Vater möchte sich bedanken.
Sophie: Papa ist sehr liberal!
Huber: Möchtest du mich heiraten?
Sophie: Natürlich. – Sofort.
Huber: So flieh mit mir.
Sophie: Fliehen, wohin denn?
Huber: Wo wir zusammen sind, ist unsere Heimat.
Sophie: Ach, das wäre himmlisch.

Über den weiteren Verlauf des Dramas schreibt Böhm: „Im zweiten Akt tritt Richard Wagner auf, komponiert das Waldweben und soll sodann die Bekanntschaft der königlichen Braut machen. Aber diese hält auch in dieser Eigenschaft soeben wieder ein Stelldichein mit ihrem Photographen ab; sie umarmen und küssen sich; da stürzt leichenblaß Ludwig herein, mit furchtbarem Ausdruck wild um sich schreiend: ‚Weltuntergang! Ewige Nacht!‘ Huber erklärt: ‚Majestät, sie gehört mir‘, worauf Ludwig nach Atem ringend mit Grauen erregendem Blick mit beiden Händen eine Steinbank packt und sie wuchtig emporschwingt. ‚Fort Rebell! Ich zerschmettere Dich!' Er wirft die Bank nach ihm; sie poltert in den See, daß die Wasser hoch aufspritzen. Ludwig stöhnt aus tiefster Brust: ‚Jetzt liegt meine Welt in Trümmer', bricht in ein grauenvolles Gelächter aus und sagt: ‚O Gott, ich werde wahnsinnig!' Prinzessin Sophie beschwört ihn, ‚es doch nicht so furchtbar schwer zu nehmen', Ludwig aber will durchaus in den See, um dort unterzutauchen. Kusine Elisabeth und Richard Wagner suchen ihn zu trösten. ‚Leid ist die Regenbogenbrücke zu Walhall!' meint der letztere. Diese Worte klingen ihm wie schmetternde Fanfaren. Er erhebt sich groß: ‚Eiskalten Marmor will er umarmen, nie mehr das Weib . . . Das Reich der Schönheit beginnt.' Auf Wagner gestützt wendet er sich imposant aufgerichtet zum Gehen."

Unter Mitwirkung von Ferdinand Bonn entstand zu Beginn der zwanziger Jahre ein König-Ludwig-Film, in dem der Regisseur Rolf Raffé der Herzogin Sophie ein Verhältnis zu einem „Kunstmaler" unterstellte. Der Film wurde im September 1923 im Viktoria-Theater in der Lindwurmstraße 25 in München aufgeführt unter dem Titel: „Das Schweigen am Starnberger See – ein Königsdrama in sechs Akten. Zur Erinnerung an den unvergeßlichen König nach Angaben der Tochter des Herzogs Ludwig in Bayern, Baronin Brucks-Wallersee (Gräfin Larisch)."

Nach Böhm soll im Filmprogramm zu lesen gewesen sein: „Ohne jede Achtung für ihre Stellung unterhielt die lebenslustige Herzogin ein Verhältnis mit einem Kunstmaler, und als der König die beiden überraschte, war die Aufhebung der Verlobung selbstverständlich."

Edgar Hanfstaengl um 1867.

Namentlich erwähnt wurde Edgar Hanfstaengl nur in dem „König-Ludwig II.-Lebensbild in fünf Aufzügen" von Ludwig Klinger, das 1887, ein Jahr nach dem Tod des Königs erschienen war. Allerdings wird ihm dabei keine direkte Beziehung zur Herzogin Sophie unterstellt, sondern er versteckte seine Vermutungen vorsichtig zwischen den Zeilen. Böhm über das Werk: „Verhältnismäßig noch am besten kommt bei ihm die Herzogin Braut weg; er wagt wenigstens nicht, die jungfräuliche Ehre anzutasten, läßt sie aber auch in der ersten Morgenfrühe, wenn sie noch alle Welt in Morpheus Armen ruhend wähnt, mutterseelenallein zu dem Photographen Hanfstaengl laufen, um dem Bräutigam durch eine neue Photographie eine Überraschung zu bereiten." Allgemein äußerte sich Böhm über die nach dem Tode Ludwigs II. zahlreich erschienene Königs-Literatur: „Die meisten der übrigen ‚historischen Romane' dieser Art variieren das verlogene, aber in Altjungfernkreisen noch immer so geschätzte Thema des edlen, etwas einfältigen Jünglings, der in seiner ersten Liebe getäuscht, auf jeden weiteren Versuch, sich zu bestätigen, verzichtet um sich aus dem doch nirgends hermetisch abgeschlossenen Kreise heiratslustiger Damen für immer zurückzuziehen."

Auch der Ludwig II.-Biograph Werner Richter war in seinem 1939 erschienenen Ludwig II.-Band der Überzeugung, daß die der Herzogin Sophie und Edgar Hanfstaengl angedichtete Beziehung eine reine Erfindung wäre: „Kennzeichnend ist, daß die Volksmeinung, immer noch nicht zu einem irgendwie ungünstigen Urteil über Ludwig II. imstande, alle Schuld bei Sophie suchte und, um sie finden zu können, nicht zögerte, abscheuliche, das junge Mädchen tief kränkende Erfindungen zu vertreiben, die man in Bayern heute noch erzählt bekommen kann."

In seinem Buch „Ludwig II." ließ dagegen Georg Jakob Wolff die Frage offen, ob hinter den damaligen Gerüchten auch eine Spur Wahrheit stecken könnte, indem er schrieb: „Oder war etwas an dem damals in München vielverbreiteten Gerede, die Prinzessin habe eine Neigung, eine sehr starke Neigung zu einem anderen Mann, der nicht zu ihren Kreisen gehörte, im Herzen getragen, und der König habe davon Nachricht erhalten und sei deswegen in seiner männlichen Eitelkeit schwer gekränkt zurückgetreten?" Das Buch erschien im Kunstverlag Hanfstaengl, der von Edgars Sohn geleitet wurde.

Die zahlreichen Verbreitungen dieses „Gerüchtes" in Biographien, in der Literatur und im Film zeigen die Hartnäckigkeit, mit der sich die Geschichte des „heimlichen Liebhabers" der Verlobten des bayerischen Königs über Generationen hinweg gehalten hatte, obwohl keinerlei Beweise für ein derartiges Verhältnis bekannt waren. Diese Romanze hätte eben zu schön in das Klischeebild des bayerischen „Märchenkönigs" gepaßt: Der von seiner ersten großen Liebe tief enttäuschte Ludwig zieht sich von nun an immer mehr in die Einsamkeit seiner Schlösser zurück und will von Frauen fortan nichts mehr wissen. Alle derartigen Spekulationen waren auf ihre Weise falsch: Diejenigen hatten sich geirrt, die das Verhältnis Sophies zu Edgar bestritten, genauso wie jene, die das Verhältnis als den Grund ansahen, daß Ludwig die Verlobung rückgängig gemacht hatte.

„Meinentwegen!“

Sophie Charlotte war mit ihren Nerven am Ende – natürlich mußte sie sich gegenüber ihrer Familie bezüglich der Gerüchte um Edgar Hanfstaengl rechtfertigen. Unterstützt von Nathalie Sternbach wird sie das ganze Gerede als bösartige Verleumdungen hingestellt haben, wohlwissend, daß von nun an mit dem Mann ihres Lebens keinerlei Kontakt mehr möglich sei. Sicher, nach der Auflösung der Verlobung wäre sie jetzt „frei“ für ihn gewesen, doch bei ihr lagen die Dinge eben ganz anders als bei ihrem Bruder, dem Herzog Ludwig, der einst eine Heirat mit der bürgerlichen Henriette Mendel durchgesetzt hatte. Mitglieder des königlichen und herzoglichen Hauses konnten eine rechtmäßige Hochzeit nur schließen, wenn der König die Erlaubnis dazu gegeben hatte. Herzog Ludwig erhielt diese Genehmigung erst nach jahrelangem, zähen Festhalten seiner Absichten, und nachdem er auf sämtliche Erstgeburtsrechte sowie auf einen Großteil seines ihm als Herzog in Bayern zustehenden Vermögens verzichtet hatte. Hätte Sophie genauso hartnäckig, und mit einer ähnlichen Durchsetzungskraft ausgestattet wie ihr Bruder, eine Verbindung mit dem bürgerlichen Edgar angestrebt, so hätte ihre Familie mit Gewißheit alles unternommen, um dieses Unternehmen zu torpedieren. Auch wäre in diesem Fall das Verhältnis zu Edgar während der Verlobungszeit mit Ludwig ans Licht gekommen, und der bislang alberne Hofklatsch hätte für Ludwig II. eine ganz neue Dimension bekommen. Daß er seiner „untreuen Sophie“ dann auch noch die Erlaubnis erteilen würde, den zu heiraten, mit dem sie ihn „betrogen“ hatte – unvorstellbar.

Am 15. Oktober saß die herzogliche Familie in

Possenhofen abends beim Tee und beriet die Lage. Da meldete sich ein Kurier des Königs aus Hohenschwangau und überbrachte einen Brief an Sophie – es war die Reaktion Ludwigs auf das Schreiben ihres Vaters Max: „Geliebte Elsa! Dein grausamer Vater reißt uns auseinander. Ewig Dein Heinrich." Gestützt von Nathalie erreichte sie gerade noch ihr Zimmer, dann fiel sie in Ohnmacht.

Die herzogliche wie königliche Verwandtschaft verteilte die Schuld an der mißglückten Heirat einzig auf Ludwig. Auch dies zeigt, daß die Beziehung Sophies zu Edgar im Dunklen geblieben war. Ihre Schwester Elisabeth, Kaiserin von Österreich, schrieb in diesen Tagen an ihre Mutter Ludovica: „Wie sehr ich über den König empört bin und der Kaiser auch, kannst Du Dir vorstellen. Es gibt keinen Ausdruck für so ein Benehmen. Ich begreife nicht, wie er sich wieder sehen lassen kann in München, nach allem, was vorgefallen ist. Ich bin nur froh, daß Sophie es so nimmt, glücklich hätte sie weiß Gott mit so einem Mann nicht werden können."

Richard Wagner, der die Struktur des Bayerischen Königshauses längst durchschaut hatte, wußte genau, daß Ludwig mit diesem Schritt seine gesamte Verwandtschaft vor den Kopf gestoßen hatte, und man nun wie schon 1866 nach dem Preußen-Krieg wieder laute Zweifel an seiner Regierungsfähigkeit äußern würde. Am 25. Oktober 1867 warnte er ihn davor: „Sie haben – wissen Sie das recht deutlich und genau? – eine ganze, mächtige Partei tödtlich verletzt. Sie sinnt auf Rache. Nichtsnutzige, aber immerhin bezeichnende Gerüchte werden wieder in Umlauf gesetzt: das alte Spiel vom vorigen Jahre, Ihnen eine Regentschaft zu setzen! Nun! Sie werden besser wissen als ich, was hierauf zu geben ist!"

Dem Volk, meint Wagner, werde von dieser „mächtigen Partei“ jetzt wieder täglich eingetrichtert: „Der König bekümmert sich nicht um die Regierung, er geht nur seinen phantastischen Neigungen nach, hat nur Wagner'sche Opern im Kopfe und überläßt die wichtigsten Geschäfte der Krone dem Belieben seines Cabinetssecretärs zur Abmachung!“ Dann redet er Ludwig ins Gewissen: „O mein theurer König! Sie haben ein Leiden kräftig aus innerer Wahrheit Ihres Herzens überstanden, zeigen Sie der Welt, was sie sich von Ihnen zu erwarten haben. Ergreifen Sie eine große Politik, und stellen Sie sich an die Spitze des Angriffs.“

Für Sophie brach nun eine schwere Zeit an. Ihre Jugendschwärmerei für Ludwig war in diesem verhängnisvollen Jahr 1867 wie eine Seifenblase geplatzt, sie war ihrer großen Liebe Edgar begegnet, die so unerfüllbar ist, daß sie gar nicht mehr daran denken darf. Und nun wird sie innerhalb eines Jahres – das ist schließlich der Ehrgeiz der Familie – mit irgendeinem Prinzen oder Herzog verheiratet werden, eben nach guter alter herzoglicher Familientradition. Von der großen Verwandtschaft, die nun um Mithilfe bei der Bräutigamsuche angegangen worden war, wurde Königin Amalie von Griechenland als erste fündig. Sie war eine geborene Herzogin zu Oldenburg, Gemahlin König Ottos von Griechenland, dieser wiederum ein Onkel König Ludwigs II. Sie empfahl einen Prinzen aus Rumänien, der allerdings schon bei der Vorauswahl durchfiel.

Dann meldete sich ein spanischer Prinz mit heftigem Interesse an Sophies Hand. Doch erst als Kaiserin Elisabeth energisch gegen diese Verbindung eingeschritten war, schlug sich Ludovica den Spanier aus dem Kopf.

Aber dann kam plötzlich der junge Herzog von

Alençon ins Gespräch. Man erinnerte sich des jungen Mannes, der im Sommer 1867 mit seinem Vater, dem Herzog von Nemours in Possenhofen logierte und auch finanziell nicht allzu schlecht gepolstert gewesen sein soll. Er war ein Orléans, gewiß, gewiß, auch deren große Zeit war längst vorbei, aber immerhin ein Orléans! Ludovica fand ihn einer genauen Untersuchung wert, griff in die Drähte ihrer weitreichenden Familienbande und fand in Coburg einen Anknüpfungspunkt. Der Herzog von Nemours hatte sich nämlich von dort einst seine Gattin geholt, während im Gegenzug August von Coburg dessen Schwester zur Frau nehmen durfte. In wenigen Tagen hatte Ludovica über Coburg eine direkte Verbindung zu den Nemours hergestellt. Um so schnell wie möglich die Chancen auszuloten, schickte Ludovica eine Photographie ihrer Tochter als kleinen Vorgeschmack ihrem Auserwählten zur Ansicht. Ob es sich dabei um ein Portrait des Hofphotographen Joseph Albert oder um ein Bildnis Franz Hanfstaengls gehandelt hatte, ist unbekannt, überliefert ist jedoch, daß das Bild „starken Gefallen erregte".

Kurz darauf hatten sich Sophie und der junge Herzog von Alençon in Augenschein zu nehmen. Die bei diesem ersten Treffen anwesenden herzoglichen Hofauguren bestätigten Ludovica, daß sich die beiden nicht gerade ausgesprochen unsympathisch gefunden hätten, und so „beschloß man diesmal nicht lange zu fackeln und schon im September zu heiraten", wie Egon Caesar Conte Corti das rasche Vorgehen gegenüber Sophie beschrieb. Der Terminplan konnte diesmal auch pünktlich eingehalten werden und Ludovica aufatmen: Noch bevor ein Jahr nach der Königsblamage vergangen, hatte sie ihre Tochter standesgemäß unter die Haube gebracht. Am

Herzog Ferdinand von Alençon (1844–1910).

Sophie Charlotte, Herzogin von Alençon.

Fürst Chlodwig zu Hohenlohe-Schillingsfürst, Gemälde von Franz Lenbach.

König Ludwig II. als Hubertus-Ritter, Gemälde von Franz Lenbach.

28. September 1868 mußte Sophie Charlotte dem Herzog von Alençon in Possenhofen die ewige Treue schwören.

Am Abend vor der Trauung wurde in Possenhofen der übliche Polterabend abgehalten, nicht gerade ausgelassen, aber doch recht fröhlich. Die Dämmerung war über den Starnberger See hereingebrochen, und durch die ersten herbstlichen Nebelstreifen leuchtete in einer großartigen Illumination vom gegenüberliegenden Ufer das Schloß Berg herüber nach Possenhofen. Man lächelte und ignorierte einfach den leuchtenden Gruß des Ex-Bräutigams, vielleicht betet er mal wieder diesen Richard Wagner an, soll er doch den ganzen See beleuchten! Dann aber traten die polternden Hochzeitsgäste an die Fenster, sie versammelten sich im Park vor dem Schloß und starrten hinüber: Ist er jetzt total übergeschnappt? Rot, blau, gelb, grün, weiß – in sämtlichen Regenbogenfarben sprühte es zischend und knallend hinter dem königlichen Schloß Berg hervor, grell leuchtende Goldregen flammten hoch überm spiegelglatten See auf und erloschen in den Nebelschwaden über dem Wasser, aus allen Büschen rings um das Schloß fauchten glitzernde Raketen in den Abendhimmel: König Ludwig II. von Bayern pflegte einer seiner Lieblingsbeschäftigungen nachzugehen und ließ ein gigantisches Feuerwerk abbrennen – angeblich zu Ehren der Kaiserin von Rußland, die gerade auf Staatsbesuch in Bayern weilte . . .

Von der anderntags stattgefundenen Trauung gibt es einen recht eindrucksvollen Augenzeugenbericht des Fürsten Chlodwig Hohenlohe-Schillingsfürst, der schon einmal Sophie bei einem unglücklichen Heiratsunternehmen begleiten mußte: Er war der Veranstalter des Verlobungsballes mit Ludwig, bei dem dieser sich nach einer Stunde ins Theater abgesetzt hatte. Nun mußte er als Minister des Königlichen Hauses von Amts wegen bei Sophies Hochzeit teilnehmen, worüber er in seinen Aufzeichnungen berichtete:

„Zu Trauzeugen waren Prinz Adalbert und Minister Pfretzschner bestimmt. Um 10 Uhr fuhren wir mit meinem Wagen nach Possenhofen. Bald kam die Zeit der Trauung, die in einem Saale des Schlosses, der zur Kapelle umgewandelt war, stattfand. Der Duc de Nemours sieht aus wie ein eleganter Franzose du cercle de L'union. Er trug den Hubertusorden, ebenso sein Sohn, der Bräutigam. Der Duc de Nemours erinnerte an die Bilder Heinrichs IV., doch hat er einen eigentümlichen Ausdruck, der auf Pedanterie schließen läßt. Der junge Duc d'Alençon ist ein hübscher junger Mensch von frischem Aussehen. Interessant war mir, die Prinzessin Klementine von Coburg, eine gescheite, lebhafte Dame kennenzulernen. Alles war en robe montante. Die Braut in weißer Seide mit Orangenblüten garniert, mit Coiffüren von Orangenblüten und Tüllschleier. Auf den Ärmeln Atlaslitzen nach Analogien des Leibregiments. Eine Hofdame der Nemours war in feuerfarbener Seide mit strohgelbem Besatz. Als Alles beisammen war ging man in die Kapelle. Das Brautpaar kniete vor dem Altar. Links dahinter Prinz Adalbert, hinter diesem wir beide Minister und dann hinter uns die Herren des Hauses Orléans. Auf der anderen Seite der Duc de Nemours und die Herzogin, sowie alle Prinzessinnen. Haneberg begann die Zeremonie mit einer passenden Rede. Niemand weinte, nur der Herzog Max hatte einige Male ein sehr weinerliches Aussehen. Die Braut sah sehr gleichmüthig aus. Vor dem Jawort machte der Bräutigam erst dem Vater ein Kompliment und ebenso der Braut und ihren Eltern. Das ,Ja' der Herzogin klang, als wollte sie sagen ,von mir aus, ja' oder ,meinetwegen'. Doch will ich damit nichts Böses sagen, mir klang es so. Nach der Trauung küßte ich der Herzogin die Hand und beglückwünschte sie. Sie schien recht zufrieden und vergnügt."

Nach der Trauung wurden die Gäste zum Hochzeitsmahl gebeten, das sich auf zwei Säle des Schlosses verteilte. Eine Kapelle des bayerischen Heeres war im Garten vor dem Schloß angetreten und begann in aller Fröhlichkeit die musikalische Begleitung des Festessens mit einer Sophie altvertrauten Weise: Der Brautchor aus Lohengrin erschallte, den sie einst auf dem Klavier so oft spielen mußte, für Ludwig damals, der ihr in Gedanken und im Sessel versunken dabei lauschte – treulich geführt, zieh'n wir dahin . . .

Das frischvermählte Paar reiste nun nach England, wo es auf Schloß Bushy bei Teddington nahe London die Flitterwochen verbrachte. Das Schloß befand sich im Besitz des Herzogs von Nemours, Sophie Charlottes Schwiegervater. Doch schon nach kurzer Zeit fiel die Herzogin in schwere Depressionen, die man zunächst dem englischen Klima zuschrieb. Sophie suchte Zuflucht in der Musik, in ihrem geliebten Klavierspiel. Doch anders als Ludwig II., der ihr dabei begeistert zuhören konnte, fand ihre musische Neigung bei ihrem Gatten keinerlei Verständnis. Sein offener Widerwillen gegen Sophies Klavierspiel äußerte sich bisweilen auch in ausgesprochener Feindseligkeit, besonders, wenn sie Motive Richard Wagners anstimmte.

Nach der Geburt des ersten Kindes, Louise Viktoria Sophie, am 19. Juli 1869 begann die Herzogin zusehends abzumagern. Man sprach von Asthenie und gab die Schuld dafür ebenso wie für die unvermindert anhaltenden Depressionen dem schlechten englischen Wetter. Von einem Orts- und Klimawechsel erhoffte man sich allgemeine Besserung, und so reisten die Alençons zu Verwandten des Herzogs nach Palermo. Die neue Umgebung, das freundlichere Klima und die südländische Mentalität bekamen Herzogin Sophie ausgezeichnet, und erstmals begann sich zwischen dem Paar ein entspanntes und gelöstes Verhältnis zu entwickeln. Doch die Ruhe währte nicht lange. Der Herzog von Alençon war schließlich einer der höchsten Repräsentanten des Hauses Orléans und somit ein Vertreter der französischen Monarchie. Der Militärgouverneur von Palermo legte unter dem Druck der jungen italienischen

Nationalbewegung dem Herzog dringend nahe, Sizilien zu verlassen, da er nur noch mit Mühe für seine Sicherheit und die seiner Familie garantieren könne. Das Paar reiste ab und suchte eine Bleibe in Neapel, vor allem wegen des milden Klimas, das Sophie Charlotte so gut bekam. Doch auch in Neapel waren die Orléans unerwünscht und man komplimentierte sie sanft, aber sehr bestimmt aus der Stadt. Ostern 1870 wurde noch in Rom verbracht, dann aber versuchte man von Possenhofen aus eine neue Unterkunft zu finden. Das unerwartet dem Herzog von Alençon angetragene Angebot, den spanischen Königsthron zu besteigen, stand auf keinem soliden Fundament und wurde ausgeschlagen.

Eine schwierige Zeit brach nun für das deutsch-französische Paar mit dem Ausbruch des Krieges von 1870/71 an. Der Herzog bestand darauf, in die französische Armee einzutreten, was aber eine in Possenhofen zugezogene Rötelinfektion vorerst unmöglich machte. Um diese Krankheit auszukurieren, ließ sich das Paar bei Sophies Schwester Elisabeth in Schönbrunn nieder. In immer neuen Anläufen und Eingaben versuchte der Herzog nun von hier aus, Aufnahme in die französische Armee zu finden, doch die Vorbehalte gegenüber einem Mitglied des Hauses Orléans gaben ihm auch weiterhin keine Chance. Einzig seinem Bruder, dem Herzog von Chartres gelang unter falschem Namen der Eintritt in das französische Heer.

Sophie Charlotte wurde erneut schwanger, worauf sie von Schönbrunn nach Meran zog, um dort im ausgeglicheneren Klima Ruhe zu finden. Der Herzog reiste indessen kreuz und quer durch Frankreich, um doch noch auf irgendeine Weise eine Militärkarriere zu beginnen. Er erreichte schließlich ein Ziel, wenn auch nur ein kleines: Am 4. Dezember 1871 wurde er Hauptmann des 12. Artillerie-Regiments des französischen Heeres.

In Vincennes, nahe bei Paris, bezogen die Alençons nun ein einfaches Landhaus, in dem in den folgenden Jahren die Kinder aufwuchsen. Sophie erlebte nach den vergangenen rastlosen Jahren wieder eine ruhigere Zeit, die aber immer überdeckt war von ihrer gleichmäßigen Melancholie und bisweilen depressiven Phasen, genauso wie es ihrer Schwester Elisabeth in Wien erging. Vom gesellschaftlichen Leben in Paris zog sie sich immer weiter zurück und flüchtete sich mehr und mehr in eine tiefe Religiosität.

„Du bist im Irrenhaus, Du bist gefangen!“

Noch einmal verliebte sich Herzogin Sophie Charlotte: Er war Arzt und nicht von Adel. Im Todesjahr König Ludwigs II. 1886 lernte sie ihn in Paris kennen und lieben, Dr. Glaser aus Graz. In ihrer Umgebung bekannte sich Sophie ganz offen zu ihrer neuen Liebe. Bald war auch schon von Scheidung die Rede; Dr. Glaser und Sophie beabsichtigten, danach zu heiraten. Aber weder die Frau des Arztes wollte hier mitspielen noch Sophies und des Herzogs Verwandtschaft. Frau Glaser hoffte auf Rettung durch einen handfesten Skandal und posaunte die Liebschaft in die Öffentlichkeit hinaus. Sophies Briefwechsel mit Dr. Glaser wurde überwacht und eindeutige Schreiben wurden als Beweismaterial sichergestellt. In ihrer Not tauchten Dr. Glaser und die Herzogin unter. Nicht lange, denn schon bald wurden sie in Meran aufgestöbert, und das „sündige Verhältnis“ wurde gewaltsam beendet. Der Herzog von Alençon verfrachtete seine Frau zu deren Bruder, dem Arzt Dr. med. Carl Theodor in Bayern („Gackel“), offenbar in der Hoffnung, seine medizinischen Künste könnten Sophies Liebe kurieren. Zumindest aber sollte er als Bruder seiner „exaltierten“ Schwester die Liaison ausreden. Der Biograph des Herzogs, Richard Sexau, faßte diese Behandlung in folgende Worte: „Anfang Mai bringt Schwager Alençon die Gattin, die ihm durch exaltierte Zustände Sorgen verursacht, zu Carl Theodor und heischt um Rat und Hilfe. Der Schwester gegenüber, um die er sich rege bemüht, bleibt Carl Theodor ohnmächtig. Nach geraumer Zeit fruchtloser Einwirkung erklärt er sich als unzuständig und empfiehlt den Anruf einer anderen Instanz.“

Die „andere Instanz“ war der berühmt-berüchtigte Nervenarzt Professor Richard Krafft-Ebing in Wien, der sich auf die Erforschung und Behandlung von sexuellen Abartigkeiten spezialisiert hatte. Der Professor fand eine vorübergehende stationäre Behandlung für angebracht, was mit anderen Worten eine Internierung in seiner privaten Irrenanstalt in Maria Grün bei Graz bedeutete. Dem Herzog von Alençon war's recht. Während der Biograph Carl Theodors die Unterbringung in der Irrenanstalt damit beschrieb, daß der Herzogin „in der Villa des Professors ein Appartement eingerichtet“ worden war, fand ihre Schwester Elisabeth sehr wohl die richtigen Worte dafür. Sie hatte überhaupt kein Verständnis für die Gefühle und die Liebe ihrer jüngeren Schwester, wie aus einem Gedicht in ihren Aufzeichnungen mit dem Titel „Winterlieder“ zu lesen ist. „An Sophia“, schrieb sie:

„Deinem guten Herrn Gemahl
Hast die Treue du gekündigt,
Stiessest ihm ins Herz den Stahl,
Ja, du hast dich schwer versündigt.“

Wie Brigitte Haman in ihrer Elisabeth-Biographie schreibt, machte die Kaiserin von Österreich auch keinerlei Versuch, zugunsten ihrer in Wien eingesperrten Schwester bei den Behörden zu intervenieren: „Sie brachte zwar Mitleid, aber keine Nachsicht, schon gar kein Verständnis auf.“ Fast hat es den Anschein, als hätte Elisabeth die Verbannung ins Irrenhaus als die gerechte Strafe für die „Tat“ ihrer Schwester betrachtet, wie in den weiteren Versen zum Ausdruck kommt:

„Mir graut vor diesem Bild, das ich heut' sehe,
und tiefer Schmerz erfüllet meine Brust;
O wehe! Wehe! ja zehnmal wehe!
Daß zu bemeistern du dich nicht gewußt! . . .

Du bist im Irrenhaus, du bist gefangen,
ein Opfer deiner tollen Leidenschaft;
Es bricht mein Herz, denk ich der wilden, bangen
Verzweiflung, die dich packt in deiner Haft.

Du wolltest Mann und Kinder schnöd' verlassen,
mit dem Entführer in die Weite zieh'n;
Doch muß dein sündhaft Hoffen nun erblassen,
Wo du jetzt weilst gelinget kein Entflieh'n!"

Der Aufenthalt, dort wo „kein Entflieh'n" gelang, hatte nach einiger Zeit das angestrebte Ziel erreicht: Sophies Wille war gebrochen, ihre Scheidungs- und Heiratspläne waren aufgegeben. Hätte sie sich nicht gebeugt, wäre sie entmündigt und für unzurechnungsfähig erklärt, und eine von ihr angestrebte Scheidung wäre von der „Verrückten" nirgends ernst genommen worden.

So hatte sie zum zweiten Mal in ihrem Leben einen Mann gefunden, zu dem sie sich aus tiefstem Empfinden hingezogen fühlte, und zum zweiten Mal scheiterte ihr Herzenswunsch an ihrer Wittelsbacher Abstammung. So aussichtslos die Situation 1867 mit Edgar Hanfstaengl war, so hoffnungslos war sie jetzt zwanzig Jahre später mit Dr. Glaser. Was blieb ihr auch diesmal übrig, als zu resignieren und sich in das erbarmungslose Schicksal zu fügen. Ihr Aufenthalt in der Nervenklinik von Professor Krafft-Ebing wurde offiziell mit einer „vorübergehen-

Kaiserin Elisabeth von Österreich, Photographie von Franz Hanfstaengl.

den Nervenschwäche" begründet, die als Spätfolgen einer Scharlachinfektion diagnostiziert wurden. Zwei Jahre später schrieb ihre Nichte Amélie in ihr Tagebuch: „Tante Sophie wieder ganz die Alte, Glasergeschichte nur ein böser Traum. Nur die ruhige Melancholie, die ihr stets zu eigen war, ist geblieben."

Schwester Marie Madeleine

Zurückgezogen, fern des gesellschaftlichen Trubels in Paris, vergingen nun in gleichförmiger Wiederkehr die Jahre in Vincennes, mit immer neu einsetzenden, schweren Depressionen. Etwas außerhalb der Ortschaft Vincennes, stand damals eine kleine Kapelle, die der heiligen Maria Magdalena geweiht war. Für Sophie Charlotte wurde dieses Gebäude bald Zufluchtsort zu Gebet und zur Meditation, und an manchen Tagen saß sie viele Stunden lang einsam und gedankenversunken vor dem Altar.

Die heilige Maria Magdalena stammte aus „königlichem Geschlecht", sie war „edel, reich und minniglich, trug ihr Gemüt hoch", wie eine Legende ihre Herkunft beschreibt. Zu ihr gehörte die Burg Magdala, auf der sie sich den Freuden des Lebens hingab und zur Sünderin wurde. Als sie gehört hatte, daß Christus im Hause Simon des Aussätzigen speiste, ging sie zu ihm, fiel ihm zu Füßen, wusch diese mit ihren Tränen, salbte und trocknete sie mit ihren Haaren. Als reuige Sünderin folgte sie Christus von dieser Stunde an, der ihr später sieben Teufel austrieb. Maria Magdalena war die erste, der Christus als Auferstandener am Grabe erschienen war. Als einzelne Heilige ist die Gestalt der Maria Magdalena von der Mitte des 13. Jahrhunderts nachweisbar, wobei sie bis ins 18. Jahrhundert meist in sehr prachtvoller Kleidung dargestellt wurde.

Wie oft war der Herzogin in dieser Kapelle vor dem Bild Maria Magdalenas ihr bisheriges Leben in Gedanken vorbeigezogen? Ihre Wittelsbacher Abstammung, das prunkvolle Leben im väterlichen Palais mit den rauschenden Festen, die Zeit ihrer Schwärmerei für den

„jungfräulichen König“ und die Verlobung mit diesem vielbegehrten Adonis, der besten Partie weit und breit. Und wie oft dachte sie dort an die geheimen Stunden mit Edgar Hanfstaengl, bei dem sie „so schmählich alle Pflichten“ gegenüber ihrem „armen König vergaß“ . . . Hatte sie wirklich „nicht tausendfachen Grund etwas zu bereuen“, was ihnen „beiden unendlichen Kummer und kein Glück brachte?“ Und wie schnell zogen dann die zwölf Ehejahre mit Ferdinand von Alençon vorüber, die sie geduldig, aber wie eine lästige Pflicht ertragen hatte, und aus deren monotoner Wiederkehr es scheinbar kein Entrinnen gab.

In dieser Kapelle faßte die Herzogin 1880 den Entschluß, in den Dritten Orden der Dominikaner einzutreten. Neben den reinen Männer- und Frauenorden war der „Dritte Orden“ auch weltlichen Personen aller Stände geöffnet, die bewußt im Geiste des heiligen Dominikus ihr Leben gestalten wollten. In Not geratenen Menschen das Leben zu erleichtern, sich für die Schwachen ihrer Gesellschaft zu engagieren: Hier sah Sophie Charlotte eine Chance, ihrem 33jährigen Leben einen neuen, wahrscheinlich überhaupt zum ersten Mal einen Sinn zu geben.

Am 20. April 1880 empfing sie von Bruder Cocharne das Ordenskleid der Dominikaner und legte nach einem Jahr Probezeit am 30. April 1881 bei ihm auch das Ordensgelübde, die „Profess“ ab. Gleichzeitig nahm sie den Ordensnamen „Schwester Marie Madeleine“ an. Ihre Namenswahl läßt keine Zweifel an ihrer geistigen Beziehung zur heiligen Maria Magdalena: Die Wittelsbacher Prinzessin pfeift von nun an auf ihre blaublütige Herkunft und vertauscht ihre fürstliche Umgebung mit den Armenvierteln ihrer Gesellschaft. „Den Fürstennamen gabst du gern dahin mit dem Verlangen, wie Magdalena nur dem Herrn in Liebe anzuhangen.“ So beschrieb eine Dominikanerschwester nach dem Tode der Herzogin diesen folgenschweren Entschluß. Sophie Charlotte sprach es aber auch selbst aus, was sie von ihrer Wittelsbacher Vergangenheit hielt: „Je veux être une file de St. Dominique, c’est le seul titre, auquel je tienne! – Ich möchte eine wahre Tochter des heiligen Dominikus sein, das ist der einzige Titel, auf den ich Wert lege!“

Zu den Hauptaufgaben des Dritten Ordens gehörten in erster Linie caritative Werke, die von einer Art Wohltätigkeitsorganisation gesteuert und betreut wurden. In Paris war es damals das „Œuvre Noviciats dominicains“, kurz auch „Œuvre“ genannt, das alljährlich mit einem großen Wohltätigkeitsbazar an die Öffentlichkeit trat und dessen Erlös kranken, gebrechlichen oder sonst hilfsbedürftigen Menschen zufloß. Sophies soziales Engagement wurde jedoch mit großem Mißtrauen ihrer Verwandtschaft begleitet: sowohl die Alençons und Orléans als auch die im fernen Bayern weilenden Wittelsbacher beobachteten mit ziemlichem Unbehagen die Aktivitäten der Herzogin, beziehungsweise ihrer „Schwester Marie Madeleine“. Sowas hat’s ja in der ganzen Familie noch nicht gegeben, daß die Schwester der Kaiserin von Österreich zusammen mit bürgerlichen Ordensfrauen die Clochards an der Seine betreut und in den Elendsquartieren von Paris mehr zu Hause ist als in den Salons der französischen Hauptstadt! Die besondere Fürsorge der bayerischen Herzogin galt aber vor allem den alleinstehenden und in besonders ärmlichen Verhältnissen lebenden Frauen mit ihren Kindern. In ihrem Einsatz waren ihr keine persönlichen Opfer zu schwer, wenn es galt, die Kasse des „Œuvres“

Sophie Charlotte, Herzogin von Alençon, Schwester Marie Madeleine vom Dritten Orden der Dominikaner.

zur Unterstützung dieser Bedürftigen immer wieder aufs neue zu füllen.

Sophies Engagement war den Mitgliedern des Dritten Ordens in Paris natürlich hochwillkommen und man packte die nächstbeste Gelegenheit beim Schopfe und wählte die bayerische Herzogin zur Präsidentin des „Œuvre Noviciats dominicains". Der bisherigen Leiterin, einer genauso liebenswürdigen wie gemütlichen älteren Dame, unter der das „Œuvre" etwas eingeschlafen war, wurde in allen Ehren ein neues Aufgabengebiet zugeteilt. Sophie Charlotte stürzte sich daraufhin mit ungeheurer Energie in ihre neue Aufgabe, mobilisierte dank ihrer weitreichenden Beziehungen zahlreiche neue Spender und führte innerhalb kurzer Zeit das „Œuvre" zu einem noch nie dagewesenen Aufschwung und zu enormer Popularität. Ihr Organisationstalent entfaltete sich vor allem in der Betreuung und Organisation der Wohltätigkeitsbazare, die meist in der Dominikanerkirche, 222 Rue du Faubourg, St. Honoré, abgehalten wurden, unter ihrer Leitung massenhaften Zulauf hatten und mit beachtlichen Umsätzen abschließen konnten.

In dieser Aufgabe und im Bewußtsein, zahlreichen hilfsbedürftigen Mitmenschen das schwierige Dasein wenigstens ein wenig erträglicher gestalten zu können, fand Sophie Charlotte eine große Befriedigung und Erfüllung. Vielleicht konnte sie in dieser Zeit auch zum ersten Mal einen tieferen Sinn in ihrem bislang doch recht glücklosen Leben entdecken, im Bewußtsein, gebraucht zu werden, Leid lindern und anderen Menschen Hoffnung geben zu können.

Trotzdem: Der Gedanke an das eigene Ende – durch eigene Hand? – war für sie, wie bei allen schwer depressiven Menschen immer präsent. Nicht anders als bei ihrer Schwester Elisabeth, die sogar einmal nahe daran war, im Starnberger See, dort wo Ludwig II. den Tod fand, ebenfalls ihr Ende zu suchen. Doch „die Stunde der Versuchung ist gewichen/ein feiger Hund bin ich nach Haus geschlichen“, wie sie über den Ausgang ihres Vorhabens danach geschrieben hatte. Mehr als der innere „feige Hund“ war für Sophie Charlotte jedoch die nicht zu überspringende Schwelle, die sich aus dem Verbot des Freitodes aus der christlichen Glaubenslehre ergab. Doch nun gibt es ein merkwürdiges Dokument, dem man entweder entnehmen könnte, daß sie mit ihren 49 Jahren den unmittelbar bevorstehenden Tod geahnt hatte, oder aber, daß sie an einem Punkt angelangt war, an dem sie um sich selbst zu fürchten begonnen hatte: Sich vielleicht einen Augenblick lang nicht mehr unter Kontrolle zu haben, einer Stimmung einmal nicht mehr widerstehen zu können und einen Schritt zu tun, von dem es kein Zurück mehr gibt. Am 4. Oktober 1896 verfaßte sie in Mentelberg in Tirol ein Testament, in dem sie nicht ihre materielle Hinterlassenschaft regelte, sondern einzig die Umstände ihrer Beerdigung bis ins letzte Detail verfügte:

„Ich wünsche und verlange, daß, sobald ich gestorben bin, eine Ordensfrau oder eine Schwester vom Dritten Orden des hl. Dominicus von der Verbrüderung des Klosters Foubourg St. Honoré 222, mir die Haare abschneide und sie ganz und sofort verbrenne, ohne für wen immer davon aufzubewahren, außer für meinen vielgeliebten Gatten, den Herzog von Alençon, wenn er davon wünscht; jedoch bitte ich ihn, sich gütigst meinem Wunsche zu fügen und meine Haare völlig verbrennen zu lassen. Schon in einem Briefe an meinen Gatten vom April 1894, der sich in einem Carton bei meinem

Ordenskleide vom hl. Dominicus befindet, habe ich ausgesprochen, daß ich Wünsche, durch eine Ordensfrau oder eine Schwester vom Dritten Orden sogleich damit bekleidet zu werden.

Ich will, daß man mir keine Blumen beigebe, und daß alles mit größter Einfachheit veranstaltet werde. Auch soll man mir den Rosenkranz, den ich stets bei mir trage, in die Hände geben, damit ich ihn mit ins Grab nehme, ebenso ein Cruzifix und die Ordensregel (vom Dritten Orden der Buße des hl. Dominicus), die von meinem Obern unterzeichnet ist und in meiner Reisetasche sich findet.

Ich will in einem ganz einfachen Sarge, ohne Schmuck, wie eine Ordensperson beigesetzt werden, das Gesicht mit dem Schleier bedeckt. Ich will, daß ein Dominicanerpater bei meinem Begräbnis die Gebete verrichte. Auch will ich, und bitte meinen vielgeliebten Gemahl, auf mein Grab folgende Inschrift setzen zu lassen:

Sophie Charlotte
Herzogin von Alençon
Geborne Herzogin in Bayern
Schwester Marie Madeleine
Vom Dritten Orden der Buße des hl. Dominicus
Datum von Geburt und Tod.

Ich will, daß man die gleiche Inschrift auf den Grabstein setze, ohne Grabschrift, außer etwa einem Spruch über Gottes Barmherzigkeit, wie solche sich in der heiligen Schrift finden. Ich möchte zunächst an der Seite meines Gatten liegen, der mir Schutzengel im Leben war. Ich will, daß man das Leichenbegängnis auf die einfachste Weise veranstalte, ohne Kränze, ohne Musik. Gar sehr wünsche ich, die Messe möge von einem Dominicanerpater gelesen werden, der auch die letzten

Gebete in der Gruft sprechen möge. Ich wünsche, wenn dies möglich, nach dem Dominicanerritus beerdigt zu werden und bitte meinen Gemahl, in der Kapelle Plätze zu reservieren für die Bruderschaften von St. Honoré und St. Jacques sowie für alle Mitglieder der Dominicanerfamilie, die meinem Begräbnis beiwohnen wollen.
Mentelberg, 4. October 1896
Sophie Charlotte
Herzogin von Alençon."

Der Tod in den Flammen

Für den Wohltätigkeitsbazar des Jahres 1897 hatte sich Herzogin Sophie Charlotte eine besondere Attraktion ausgedacht: Um möglichst viele Besucher anzulocken, hatte sie die Gebrüder August und Louis Lumière engagiert, die während der Veranstaltung eine Sensation zeigen sollten, ein bisher nicht für möglich gehaltenes Phänomen: Sie waren nämlich die Erfinder der ersten „bewegten Photographien" und sollten wärend des Bazars diese ersten Stummfilme der Welt vorführen. Auch hatte die Herzogin diesmal ein größeres Gebäude organisiert, in dem am 4. Mai, dem ersten Dienstag nach Ostern, die Hauptveranstaltung des „Œuvre noviciats dominicaine" stattfinden sollte. Es war ein etwa 90 Meter langes leerstehendes Anwesen in der Rue Jean Goujon, ein ehemals gewerblich genutzter Bau mit einigen weitläufigen Räumen zu ebener Erde, die sich ausgezeichnet eigneten, um darin Tische und Schränke für diese Art von Flohmarkt aufzustellen.

In der vorangegangenen Karwoche hatte die Herzogin an jedem Tag mehrere Stunden im Gebet und in Meditation in der Kirche Trés Saint Sacrement verbracht, sofern sie sich nicht um das Œuvre und den bevorstehenden Bazar kümmern mußte. Am Ostersonntag hatten die Alençons Sophies Schwester Marie, Königin von Neapel-Sizilien, zu Gast, und auch der päpstliche Nuntius von Paris, Clari, war der Einladung zum Festessen gefolgt. Bei dieser Gelegenheit bat Sophie den Nuntius um einen Gefallen, nämlich am Dienstag bei ihrem Wohltätigkeitsfest auf ein paar Minuten vobeizukommen und den ihr anvertrauten Kindern und der Veranstaltung seinen Segen zu geben.

Der Gesandte des Papstes konnte die Bitte der Herzogin schwer ausschlagen und ließ sich am 4. Mai in die Rue Jean Goujon kutschieren. Der Flohmarkt des Œuvres war bereits in vollem Gange und schien ein Riesenerfolg zu werden: Dicht gedrängt schoben sich die Besucher durch das Eingangstor, während andere mit billig erstandenen Büchern, Kerzenleuchtern, Blumenvasen und sonstigen Trödelmarktschätzen von innen schon wieder herausdrängten. Wohl oder übel mußte sich der Nuntius mit seinem Sekretär in dieses Gedränge einreihen und sich durch die überfüllten Hallen treiben lassen – bis er endlich den Stand der Herzogin erreicht hatte. Umgeben von einem guten Dutzend Mädchen und jungen Damen der Pariser Gesellschaft stand sie in einem hochgeschlossenen schwarzen Kleid, gertenschlank, die dunklen Haare zu einem strengen Zopf hochgeflochten und einen weiten Umhang aus schwarzem Samt um die Schultern – zwischen all den langen Tischen mit den ausgebreiteten Spenden wohlhabender Pariser Familien, dicht umlagert von Besuchern, Käufern und Freunde des Œuvres. Sophie zwängte sich zwischen diesen Wühltischen hindurch dem Nuntius entgegen und bedankte sich mit herzlichen Worten für sein Kommen. Das Geschiebe und Gedränge, die stickige Luft und bedrückende Enge waren dem Geistlichen jedoch sichtlich zuwider, und so schob ihn die Herzogin an den Besuchern vorbei in das kleine Comptoire zu ihren Verkäuferinnen, wo er auch ihren Gatten, den Herzog von Alençon begrüßen konnte. Nuntius Clari faltete die Hände, und während seines stummen Gebets blickte er zur Herzogin, die zufrieden lächelnd inmitten ihrer Mädchen stand. Nun hob er die Hand, erteilte den Segen, fuhr den Mädchen noch gütig über ihre Locken, beglückwünschte die

Herzogin nochmals zu ihrem schönen Erfolg, und schon bahnte ihm sein Sekretär den Weg durch die verstopften Gänge hinaus ins Freie.

Drinnen war inzwischen ein alter Freund des Herzogs am Stand vorbeigekommen, und die beiden Herren beschlossen, für einen Augenblick nach draußen zu gehen, um sich ungestörter unterhalten zu können. Das Geschäft an Sophies Stand lief inzwischen wieder auf vollen Touren, als plötzlich auf ein seltsames Gepolter hin die Besucher ihre Köpfe in die Höhe und in ein und dieselbe Richtung reckten. Es scheint irgend eine prominente Persönlichkeit angekommen zu sein, sagte Madame René Nelin, die Gattin eines Chirurgen, zu Sophie. Neugierig drängten und schoben sich die Besucher an den Tischen vorbei der vermeintlichen Berühmtheit entgegen, und auch Madame Nelin schloß sich der Menge an. Doch in der nächsten Sekunde: Gellende Schreie aus dem Ende des Raumes, beißende Rauchschwaden quollen entgegen. Die Menschen kehrten aber nicht um, sondern drängten mit brutaler Gewalt einfach weiter in die Richtung des Lärmes, wo es aber kein Entrinnen mehr gab: Die prasselnde Glut einer Feuerwand wälzte sich ihnen hier entgegen und jetzt erst stürzten sie in panischer Angst zurück und in die Nebenräume, irgendeinem Tor entgegen, durch das sie zu entfliehen hofften.

Im Vorführraum der Gebrüder Lumière hatte das primitive Projektionsgerät Feuer gefangen und blitzschnell die Verdunklungsvorhänge in Brand gesetzt, und nun fraß sich eine tödliche Feuerwalze quer durch den Wohltätigkeitsbazar. Der Herzog von Alençon erkannte an der ins Freie stürzenden Menschenmasse die Lebensgefahr für seine Gattin. „Alençon drängte zurück zum Standort seiner Frau", schrieb Richard Sexau, „aber eine fürchterliche Panik hatte die Menge ergriffen. Mit der Gewalt einer Sturmflut strömte sie den Ausgängen zu, alles mit sich reißend, auch den verzweifelt in das Gebäude drängenden Alençon. Die einzige Türe, die von der Straße aus in den Bazarbau führte, ist durch einen Wall menschlicher Körper verrammelt, über die hinwegkletternd verstörte Unglückswesen den Weg ins Freie suchen. Augenzeugen stellten später fest, daß auch Herzogin Alençon bis hierher gedrängt war, sich aber nicht entschließen konnte, über den Berg von Leichen dem Tod zu entrinnen. Endlich gelang es Alençon einzudringen. Am Verkaufsstand seiner Frau findet er niemanden vor." Im Glauben, seine Frau habe sich rechtzeitig in Sicherheit bringen können, versuchte der Herzog, nun selbst durch die Flammenhölle wieder ins Freie zu gelangen, stürzte dabei über herabgefallene Balken, verletzte sich an den Beinen, konnte sich aber mit letzter Kraft noch auf die Straße schleppen.

Doch Sophie Charlotte war nicht in Sicherheit. Als sie von der zurückstürzenden Madame Nelin den Grund der Panik erfahren hatte, brachte sie zuerst die ihr anvertrauten Mädchen durch ein naheliegendes Fenster ins Freie, tatkräftig unterstützt von einigen Damen der Familie Gaillard, die mit der Herzogin die Mädchen betreuten. Nun wollten sich die Frauen zusammen mit der Herzogin auch selbst in Sicherheit bringen, doch Sophie Charlotte bestand darauf, als letzte den brennenden Raum zu verlassen. In einem später dem bayerischen Ministerpräsidenten Freiherrn von Crailsheim übermittelten Bericht schilderten diese Damen, daß sie sich erst auf den ausdrücklichen Befehl der Herzogin von ihr entfernt hätten, Sophie aber keine Anstalten machte, ihnen zu folgen. Noch immer rannten vom Feuer Eingeschlossene durch die von Qualm und Glut erfüllten Räume, um im letzten Augenblick noch gerettet zu werden. Eine in diesen Sekunden entkommene Frau berichtete später dem Herzog, daß sie auf ihrer Flucht seine Gattin inmitten der Flammen auf dem Boden kniend gesehen habe, die Hände gefaltet, den Blick nach oben gerichtet und laut Gebete sprechend.

Sophie Charlotte wollte dem Feuer, ihrem Schicksal nicht mehr entrinnen. „Majesteusement, si elle se promenait dans son salon“, majestätisch, als wäre sie in ihrem eigenen Salon, sah sie Mademoiselle d'Andlau durch die mörderischen Flammen hindurch auf- und abwandeln, immer die Augen zur Decke gerichtet und laut betend. Als wüßte die Herzogin einen rettenden Ausgang, sah sie noch, wie Sophie zielstrebig in einen Nebenraum schritt. Eine andere Augenzeugin konnte von der gegenüberliegenden Seite erkennen, daß die Herzogin der völlig in Flammen stehenden Vicomtesse Beuchamt zu Hilfe eilte. Sophie riß sich ihren Umhang vom Leib und warf sich mit ihm auf die lebende Fackel. In diesem Augenblick brachen in einem prasselnden Inferno die grell auflodernden Dachbalken dieses Raumes zusammen und begruben die beiden Frauen. Der Herzogin wurde der rechte Arm abgerissen und ein Bein total zertrümmert, beide waren auf der Stelle tot – und ein Feuersturm verbrannte sie zur Unkenntlichkeit. Mater Pia vom Kloster Faubourg St. Honoré faßte den Tod ihrer Mitschwester Marie Madeleine in dieses Gedicht:

Der 4. Mai 1897 in Paris

Blauer, sonnenlichter Himmel!
Süßes Säuseln, linde Luft!
In den Straßen bunt Gewimmel.
Drüber hin der Frühlingsduft!

„Was windet sich dort in krausen Löckchen
Von des Daches luftig gebautem Kranz?“
„Sei ruhig mein Liebling,es sind nur Flöckchen,
Nur Stäubchen, erschimmernd im Sonnenglanz.

Drunter, zwischen bunten Schätzen,
Unermüdet im Getrieb,
Mild der Armen Noth zu letzen,
Waltet fröhlich fromme Lieb.“

„Ach Mutter, es dehnt sich so endlos lange
Der bläuliche Faden, – und hörst du den Krach? –
Und siehst du dort steigen die feurige Schlange?
Um Himmels willen ! wie flackert das Dach!“

„Heil’ger Gott! die edlen Frauen! –
Nirgends starke Retterhand? –
Nah und näher kommt das Grauen;
Ach, schon brennt die Linnenwand!“

„Und in rasendem Strome nun wälzt sich die Menge
Von innen zum rettenden Ausgangsthor.
Doch wehe! sie thürmen in wildem Gedränge,
Lebendige Riegel, sich selbst davor!“

O wie ringen sie die Hände!
O welch' Zerren, Rufen, Flieh'n! –
Krachend stürzen Feuerbrände!
Glüh'nde Reife sie umzieh'n! –

Und enger geschnürt in das feurige Mieder,
Je mehr sie sich mühen mit wehrendem Arm:
Sie ringen vergebens; sie stürzen darnieder;
Ach, Mütter und Kinder! daß Gott sich erbarm'!

Doch in längst verlass'nem Raume,
Wie geküsst von Himmelsthau,
Still verloren, fast im Traume,
Weilt noch eine hohe Frau.

O spute dich! folgend dem warnenden Worte,
Entrinne, Charlotte, der sengenden Qual!
O eile zur einz'gen rettenden Pforte!
Dein wartet in Schmerzen der edle Gemahl!

Nein; – nicht über fremde Leichen
Bahnt sie sich den Weg zum Heil,
Fürchtet nicht den Tod, den bleichen;
Droben — droben ist ihr Theil.

Noch sieht sie die Freundin – und hält sie umschlungen,
Und will sie entreißen dem grausigen Gast. –
Vergebens! – bevor ihr die Rettung gelungen,
Hat selbst sie die tödtende Flamme gefasst! –

Ach, mit heißem Herzensbluten
Steh'n die Lieben an der Gruft, –
Droben – lichte Rosengluthen,
Himmelsschein und Frühlingsduft. –

Das Gebäude des Wohltätigkeitsbazares vor und nach der Brandkatastrophe.

In den ersten telegraphischen Berichten nach Bayern wurde die bayerische Herzogin zwar als vermißt gemeldet, man hoffte sie jedoch am Leben, da ihr Mann in einem noch frühen Stadium der Katastrophe den Stand seiner Frau verlassen aufgefunden hatte. Vielleicht hatte sie sich im Schock zu fremden Leuten geflüchtet, vielleicht war sie in eines der Krankenhäuser gebracht und noch nicht namentlich registriert worden. Doch die Hoffnung hatte getrogen: Unter den vollständig verkohlten Leichen, die man in die Pfarrkirche St. Philippe en Roule gebracht hatte, konnte Sophies Zahnarzt den Schädel der Herzogin identifizieren, und auch ihre Kammerfrau erkannte aufgrund anderer Details die Überreste der Herzogin. Ihr vor 212 Tagen verfaßtes Testament trat nun in Kraft, und mit besonderer Erlaubnis des Innenministeriums konnte ihr Leichnam in die Dominikanerkirche du Très Sacrement in 222 Rue du Faubourg St. Honoré überführt werden. Ordensschwestern legten ihre Gebeine in einen mit weißer Seide ausgelegten Doppelsarg, breiteten das weiße Habit der Dominikanerinnen darüber und legten ihren Gürtel und Rosenkranz als letzte Gabe dazu.

Die Trauerbotschaft vom Tode der Herzogin Sophie war inzwischen in alle Welt gegangen und hatte am 7. Mai in Zucco bei Palermo auch einen Schwager des Herzogs von Alençon erreicht. Die Nachricht versetzte diesen derart in Aufregung, daß ihn der Schlag traf und er auf der Stelle verstarb.

Am 14. Mai wurde in St. Philippe en Roule von Abbé Chaudiac das Requiem für die bayerische Herzogin zelebriert. Zum Trauerakt waren zahlreiche Vertreter des europäischen Hochadels angereist, um Sophie die letzte Ehre zu erweisen. Das Haus Wittelsbach war durch Sophies Schwester Königin Marie von Neapel-Sizilien vertreten sowie durch Herzog Siegfried, den Sohn von Sophies jüngerem Bruder Maximilian und durch Herzog Alfons in Bayern, der mit Louise von Orléans verheiratet war. Ferner waren Königin Isabella von Spanien zugegen sowie Mitglieder der Häuser von Orléans, Dänemark, Belgien, Bulgarien, Coburg und Württemberg. Nach dem Requiem wurde der Sarg mit einem Sonderzug nach Dreux gefahren und dort in der Familiengruft der Alençons beigesetzt. Auch eine Abordnung von Brüdern und Schwestern des Pariser Dominikanerklosters war mit nach Dreux gekommen, um Schwester Marie Madeleine auf ihrem letzten Weg zu begleiten. An ihrem Grab, das nur ein einziger Kranz mit seidenen Bändern in den bayerischen Farben weiß-blau und den rot-weißen Farben Österreichs schmückte, sprach Mater Amanda einen letzten Gruß auf ihre Mitschwester, Herzogin Sophie Charlotte:

„An deinem Sarg noch einmal
In Wehmut bet' ich leise;
Hier ruhst du arm nach eigner Wahl
In stolzer Fürsten Kreise.

Einst tauschtest du ein Diadem
Um eine Dornenkrone.
Dein Opfer war dem Herrn genehm,
Nicht kargt er mit dem Lohne.

Du hattest längst der Erden Pracht
Dem Herzen nach verlassen,
Und mit der höchsten Liebe Macht
Nur Jesus zu umfassen.

Den Fürstennamen gabst du gern
Dahin, mit dem Verlangen,
Wie Magdalena nur dem Herrn
In Liebe anzuhangen.

Und sieh, was du so heiß begehrt
Im schweren Kampf des Lebens,
Es wurde endlich dir gewährt,
Du rangest nicht vergebens.

Du nahmst den Kelch, du leertest ganz
Des Leidens bittre Schale.
Nun kostest du im Himmelsglanz
Vom ew'gen Hochzeitsmahle!"

Das Ende naht: Ludwig II. und Dr. Gudden im Park von Schloß Berg am 13. Juni 1886.

Feuer – Wasser – Eisen

Zwei Legenden ranken sich um die Familie des Herzogs Max in Bayern: Um das Jahr 1850 soll in Possenhofen eine Wahrsagerin aufgetaucht sein, die den im Park spielenden Kindern Elisabeth, Sophie Charlotte und ihrem Vetter Ludwig Weisheiten mit in ihr künftiges Leben gegeben haben soll. „Hüte dich vor dem Wasser!“ habe sie damals zu dem kleinen Ludwig gesagt, „und nimm dich in acht vor dem Feuer!“ zu seiner Cousine Sophie Charlotte. Elisabeth aber warnte sie vor dem Eisen. Die Wahrsagerin, wenn es sie tatsächlich gegeben hatte, sollte recht bekommen mit ihren Warnungen: 1886 ertrank König Ludwig II. in den Fluten des Starnberger Sees, 1897 verbrannte Herzogin Sophie

Das Schlafzimmer in Schloß Berg, in dem Ludwigs Leiche aufgebahrt wurde.

Der Leichenzug Ludwigs II. am 19. Juni 1886 vor dem alten botanischen Garten in München.

Die Leiche Ludwigs II., aufgebahrt in der Kapelle der Residenz, gekleidet in der schwarzen Samttracht des Großmeisters des Hubertusordens.

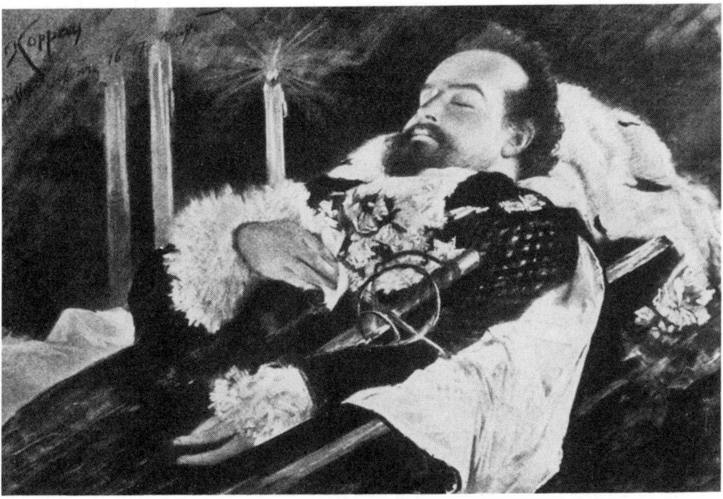

Unter seinem Haupt liegt sein weißer Hermelinmantel, in seiner rechten Hand stecken Jasminblüten von Kaiserin Elisabeth.

Silberne Urne zur Aufbewahrung des Herzens König Ludwigs II.

Abguß der Totenmaske König Ludwigs II. von Bayern.

Charlotte in Paris, und ein Jahr später, 1898 wurde Kaiserin Elisabeth von Österreich in Genf von einem Attentäter mit einer Eisenfeile erstochen.

In Erfüllung ging auch die Prophezeihung eines Mönches aus dem Kloster Tegernsee. Auf seiner Seele laste ein böser Fluch, wie er sagte, und sie würde erst mit dem Tod des letzten Sprosses der herzoglichen Familie erlöst werden, was aber nicht mehr lange dauern würde. Elisabeth hatte diesen Mönch selbst gehört und immer wieder von seiner Prophezeihung gesprochen: „Ehe hundert Jahre vergangen sind, ist unser Stamm erloschen!" – Die arme Seele des Mönches aus Tegernsee ist inzwischen längst erlöst: Der Stamm der Herzöge in Bayern ist tatsächlich ausgestorben, und nur durch eine Adoption war es möglich, daß ihre Linie bis heute weitergeführt werden kann.

Im Text verwendete Literatur

Böhm, Gottfried von: Ludwig II., König von Bayern. Sein Leben und seine Zeit, 2. Aufl., Berlin 1924
Bomhard, Ernst von: Eduard von Bomhard. Ein Lebens- und Charakterbild, verfaßt nach den Tagebuchaufzeichnungen Eduard von Bomhards, München 1913
Bonn, Ferdinand: Ludwig II., Tragödie in fünf Aufzügen, Berlin 1907
Bourcet, Marguerite: Le Duc et la Duchesse d'Alençon. Un couple de tragédie, Paris 1939
Conte Corti, Egon Caesar: Elisabeth. „Die seltsame Frau", Salzburg 1934
Conte Corti, Egon Caesar: Ludwig I., König von Bayern, München 1937
Dreyer, Alois: Maximilian, Herzog in Bayern, München 1919
Gebhardt, Heinz: Franz Hanfstaengl. Von der Lithographie zur Photographie, München 1984
Gregor-Dellin, Martin: Richard Wagner, München 1980
Hamann, Brigitte: Elisabeth, Kaiserin wider Willen, Wien-München 1982
Hämmerle, Joseph: Hochschloß Pähl, Geschichte eines altbayerischen Edelsitzes, München 1953
Klinger, Ludwig: Ludwig II., Lebensbild in fünf Aufzügen, München 1887
Kobell, Louise von: König Ludwig II. von Bayern und die Kunst, München 1900
Ludwig II., König von Bayern / Richard Wagner: Briefwechsel; Herausgegeben vom Wittelsbacher Ausgleichsfond und Winifred Wagner
Marek, George R.: Cosima Wagner, Bayreuth 1982
Ranke, Winfried: Joseph Albert, Hofphotograph der Bayerischen Könige, München 1977
Richter, Werner: König Ludwig II. von Bayern, München 1939
Schauenberg, Georg L.: Im Banne der Rosen; König Ludwig II. in Tagebuchblättern, Diessen 1924
Sexau, Richard: Dr. med. Herzog Carl Theodor in Bayern, München
Spindler, Max: Handbuch der Bayerischen Geschichte im 19. Jahrhundert, München 1974/75
Strobel, Otto: König Ludwig II. und Richard Wagner im Briefwechsel, München

Tornow, Ingo: Das Münchner Vereinsleben in der ersten Hälfte des 19. Jahrhunderts, München 1977
Wagner, Richard: Vorwort zur Dichtung des Bühnenfestspiels „Der Ring des Nibelungen", 1862, zit. n.: Ausgewählte Schriften, Frankfurt 1974
Wagner, Richard: Mein Leben. Hrsg. v. Martin Gregor Dellin, München 1963
Wallersce, Marie Freiin von: Meine Vergangenheit, Berlin 1913
Wehofer, Pater Thomas Maria: Schwester Marie Madeleine aus dem Dritten Orden des heiligen Dominicus, München 1898
Witzleben, Hermann / Ilca v. Vignau: Die Herzöge in Bayern, München 1976
Wolff, Georg Jakob: König Ludwig II. von Bayern, München 1923

Abbildungen:

Hannes König/Valentin-Musäum: S. 2, 197 oben. Hannes Heindl: S. 147. Stefan Moses: S. 151. Alle anderen Bilder: Nachlaß des Kunstverlags Franz Hanfstaengl.

Mein theurer, lieber Freund.

Welch schweren Kummer mußten
ich diese Zeilen an Sie.
Die [illegible] [illegible] mir Ihnen
ergriffen hat mich unendlich
betrübt. Freund, liebster
Richard, haben Sie meinen
Kummer so erkannt? Ist
es nicht auch Liebe zu Ihnen
daß ich meinen leiden-
schaftlichen Gefühlen Zwang
anthue? O Richard, und Alles
bitte ich Sie in Würdig[illegible]